LES FEMMES EN SOLITAIRE AUTOUR DU MONDE

Chantal Massé

Depuis que les hommes ont admis que la terre était ronde, ils ont souhaité aller au large. Les premiers à vouloir apprivoiser les océans sont les Vikings, les Chinois et les Polynésiens.

Les Européens commencent à traverser l'Atlantique à partir du XVe siècle, avec les grandes découvertes, les lignes commerciales entre les continents, les stratégies militaires.

Alfred Johnson, un pêcheur de 29 ans, est le premier à effectuer une transatlantique en solitaire. Parti de Nouvelle Ecosse en juin 1876 sur un doris (embarcation en bois à fond plat de 5 à 6 mètres), il atteint les côtes du Pays de Galles presque deux mois plus tard.

Joshua Slocum, capitaine né en Nouvelle-Ecosse, est le premier homme à tenter un tour du monde en solitaire en 1895. Il embarque sur un vieux sloop de 11,20 mètres de longueur avec une longue quille. Il parcourra 46 000 milles en 3 ans et 2 mois.

Les défis sportifs commencent

En 1878, l'Américain William Albert Andrew organise une course Boston-Le Havre sur des bateaux de 5,80 mètres. Seuls 2 concurrents s'inscrivent et Andrew termine seul le trajet.

Les courses se multiplient, de la simple régate jusqu'au tour du monde, en équipage, en double ou en solitaire.

Les femmes à l'écart

La navigation était réservée aux hommes. Chez les pirates, les femmes étaient obligées de se déguiser en hommes pour pouvoir monter sur les bateaux.

Encore actuellement, beaucoup de navigatrices évoquent un monde de la voile très machiste. Dans les équipages mixtes, les femmes sont souvent reléguées aux rôles secondaires, ont du mal à trouver leur place.

Clarisse Crémer a été congédiée par son sponsor pour le Vendée Globe 2024 à la suite de son accouchement. La raison : elle n'a pas fait toutes les qualifications ! Alors qu'elle était désignée d'office, ayant bouclé la dernière édition de cette course.

Les femmes sont entrées tardivement en compétition et restent très minoritaires dans ce domaine, surtout dans les courses au large, et encore plus en solitaire.

Certains organisateurs parlent d'instaurer des quotas féminins dans certaines courses.

Des skippeuses s'engagent également dans la lutte pour les conditions des femmes, dans le sport comme dans la vie quotidienne. Par exemple, Alexia Barrier est en train de créer une équipe 100% féminine pour réaliser un tour du monde.

Quelques définitions

Monocoque :

Bateau avec une seule coque.

Multicoque :

Bateau constitué de plusieurs coques distinctes. Les trimarans (3 coques dont celle du milieu est plus imposante) et les catamarans (2 coques parallèles) sont des multicoques.

Optimist :

Petit monocoque utilisé pour l'initiation à la voile et la régate.

Sloop :

Monocoque avec un mât et 2 voiles : une grand-voile et un foc (ou génois).

Mini 6.50 :

Bateau de 6,50 mètres. On y trouve des :

-Prototypes : Bateaux à la pointe de la technologie, souvent construits à un seul exemplaire. Les « protos » sont maintenant en carbone, ont souvent des dérives et des foils.

-Séries :

Ils existent depuis les années 1990. Ils sont fabriqués pour limiter au maximum la différence entre les bateaux et les coûts. Ils sont faits en plusieurs exemplaires.

Class 40 :

Des monocoques de course de 40 pieds à budget raisonnable.

Ocean fifty :

Des multicoques de 50 pieds.

Ultim :

Des très grands trimarans.

Imoca :

Monocoque d'une longueur de 60 pieds (18,28 mètres), d'une hauteur de 29 mètres et d'un tirant d'eau (Hauteur de la partie immergée du bateau) de 4,50 mètres. Il est surtout utilisé pour les courses océaniques en double ou en solitaire comme la Route du Rhum ou le Vendée Globe.

Il doit respecter des critères de redressement sans assistance extérieure, de cloisonnement intérieur garanti en cas de retournement, et de flottabilité importante en cas de voie d'eau ou de chavirage.

L'Imoca évolue très vite : On retrouve maintenant des double safrans, quille pendulaire, foils…

Mille marin ou nautique :

Le mille correspond à 1852 mètres.

Pied :

La longueur des bateaux se mesure souvent en pieds.

1 pied vaut 0,3048 mètre.

Foil :

Ailes immergées, de chaque côté de la coque, qui limitent le frottement de l'eau et augmentent la vitesse du bateau.

Quille :

La partie la plus basse du bateau.

Safran :

Une partie du gouvernail.

Les 3 caps :

Le cap de Bonne Espérance est situé au sud de l'Afrique (point le plus austral).

Le cap Leeuwin est le cap le plus au sud-ouest du continent australien.

Le cap Horn est le point le plus austral de l'Amérique du sud.

Match racing :

Course entre 2 bateaux.

Régate :

Course de vitesse entre plusieurs bateaux sur un circuit fermé ou entre 2 points.

LES GRANDES COURSES EN SOLITAIRE

On n'évoquera ici que les courses en solitaire, celles qui mettent le skipper et le bateau parfois à rude épreuve, mais pas les régates côtières ou les courses en équipages.

Elles sont en général limitées à un certain nombre de participants.

Certaines courses servent de qualification pour d'autres plus longues et plus dures.

Certaines s'arrêtent par manque de participants, à cause de la covid, ou des raisons de sécurité ou d'organisation.

Certains trajets ou conditions sont modifiés au fil des éditions.

D'autres courses se créent, pour le plaisir de la navigation ou en fonction des besoins.

Certaines courses sont donc soumises à qualification, comme la Route du Rhum ou le Vendée Globe. Les skippers doivent réaliser des distances et des temps pour pouvoir en prendre le départ.

Les courses sont classées par dates de création.

COWES-DINARD

Cette traversée n'est pas longue et s'apparente davantage à une régate. Mais elle montre les débuts des courses nautiques.

C'est une épreuve annuelle de 151 milles entre Cowes (Angleterre) et Saint-Malo/ Dinard. Elle a débuté en 1906, créée par Edouard VII, roi d'Angleterre, qui souhaitait offrir une coupe de vermeil au vainqueur d'une course de yachts de plus de 30 tonneaux (1 tonneau représente 2,83 m3).

Pour cette 1e édition, 4 bateaux étaient inscrits, 2 ont pris le départ et un seul est arrivé en plus de 48 heures.

Cette course fut interrompue pendant les deux guerres.

Depuis 1975, elle sert d'entraînement à l'Admiral's cup. Elle se court en monocoques ou multicoques, en solitaire ou en équipage.

L'OSTAR (ou LA TRANSAT ANGLAISE ou LA TRANSAT CIC)

En 1960, l'Irlandais Herbert Hesler, ancien officier de la marine britannique, et Francis Chichester, aviateur et navigateur, ainsi que quelques marins britanniques, ont fait le pari de traverser l'Atlantique jusqu'en Amérique, en solitaire, d'est en ouest, c'es-à-dire avec des systèmes de pressions atmosphériques qui produisent des vents contraires.

La 1e course se fait de Plymouth à New-York avec des monocoques. Les suivantes se passent de Plymouth à Newport, en multicoques ou monocoques.

Elle se court tous les 4 ans.

Elle change de nom en 2004 : *Ostar* devient *The Transat*.

En 2005 se crée une « branche » de cette course ouverte à tous et non seulement aux pros.

Les femmes dans cette course :

Très peu de femmes y ont participé.

-En 1972, Marie-Claude Fauroux est la première femme à s'y inscrire et à traverser l'Atlantique à la voile en solitaire. Elle termine 14ᵉ en 33 jours (sur 55 participants).

-Florence Arthaud a participé en 1992 (67 bateaux). Elle a chaviré au large de Terre Neuve.

-Ellen Mac Arthur a remporté l'édition de 2000 sur monocoque à l'âge de 24 ans en 14 jours, 23 heures et 12 minutes (71 participants).

-Anne Liardet est arrivée 12ᵉ en 2004 (37 participants).

-Aurélia Ditton est la plus jeune participante en 2005 et termine 5ᵉ.

-Isabelle Joschke, en 2016, est contrainte à l'abandon suite à une voie d'eau (25 participants).

-Anna-Maria Renken termine 6ᵉ.

L'édition 2020, en partance de Brest pour les 60 ans de la course, voyait les inscriptions de 4 femmes. Mais elle a été annulée pour cause de pandémie.

LA GOLDEN GLOBE RACE

En août 1966, le navigateur britannique Francis Chichester part d'Angleterre pour un tour du monde en solitaire. Il veut se rendre en Australie et revenir par les 3 grands caps. Il le réalise en 226 jours.

Un défi est d'ores et déjà lancé : naviguer autour du monde, en solitaire et sans escale.

En 1968, le Golden Globe est lancé, sans frais d'inscription, sans qualification particulière. Neuf navigateurs partent à des moments différents avec les bateaux de leur choix. Le Sunday Times promet un trophée et 5 000 livres à celui qui aura réalisé le meilleur temps.

Un seul participant termine le challenge : Robin Knox-Johnston, avec un bateau très improbable et 30 000 milles non stop, en solitaire et sans assistance.

50 ans après :

Une nouvelle édition est organisée en 2018, la 2ᵉ de ce nom. Elle est au départ des Sables d'Olonne, avec retour au même endroit.

Les conditions de navigation sont identiques à celles de Robin Knox-Johnston : sans escale et sans assistance, sans technologies modernes, sans aide à la navigation par satellite, tout ceci dans le but de remonter à « l'âge d'or de la voile en solitaire ».

Les bateaux sont de série de 9,75 mètres à 10,97 mètres (32 à 36 pieds), conçus avant 1988, avec une quille longue et un safran fixé au bord de fuite.

Les skippers doivent naviguer au sextant, établir leur météo et écrire leur livre de bord à la main. Ce tour du monde, qui est programmé tous les 4 ans, dure environ 250 jours.

Le trajet : Départ des Sables d'olonne en Vendée, descente de l'Atlantique du nord au sud, passage aux caps de Bonne Espérance, Leeuwin et Horn, et remontée de l'Atlantique du sud au Nord jusqu'aux Sables d'Olonne.

Les femmes dans la Golden Globe :

-2018 : Susie Goodall, 1 femme sur 18 participants. Elle a dû abandonner.

-2022 : Kirsten Neuschäfer, seule femme sur 23 inscrits, remporte la course. Elle est la 1e femme à remporter un tour du monde en solitaire en course.

Départ de la Golden Globe 2022

SOLITAIRE DU FIGARO, anciennement COURSE DE L'AURORE

Cette course en solitaire et par étapes a été créée en 1970.

On y trouve des grands navigateurs et des amateurs sur des bateaux identiques Figaro Bénéteau.

Cette manifestation compte 4 étapes au large des côtes françaises, soit 1500 à 2000 milles en 10 à 13 jours.

Cette course compte pour le championnat de France élite de course au large.

MINI-TRANSAT ou TRANSAT 6.50 ou MINI-TRANSAT LA BOULANGÈRE

Cette course est créée en 1977 par Bob Salmon, journaliste, photographe et navigateur travaillant pour les journaux britanniques. Son but est de retrouver les bases de la course au large et renouer avec l'esprit d'aventure des premières transatlantiques.

La longueur des bateaux de 6.50 mètres rend le défi accessible à tous. Jean-Luc Van Den Heede en dit qu'il peut y avoir « autant de vainqueurs possibles que de concurrents au départ ».

Elle se court chaque année impaire, sans assistance et en 2 étapes, sans routage météo par satellite et sans contact avec la terre.

De 84, le nombre de participants est passé à 90.

C'est la course la plus internationale qui suscite à chaque fois de très nombreuses vocations. La plupart des grands skippers ont débuté sur cette transat.

Les premières éditions partaient de la Cornouaille anglaise pour une 1ᵉ escale aux Canaries avant de rejoindre les Antilles.

Depuis 1985, le départ se fait depuis la France métropolitaine.

De 2001 à 2011, l'arrivée se faisait à Salvador de Bahia au Brésil.

La course se déroule actuellement sur 4 050 milles avec des bateaux Mini prototypes ou de série et des bateaux accompagnateurs.

En 2021, l'arrivée de la 1ᵉ étape a été perturbée par l'éruption du Cumbre Vieja aux Canaries.

Ponton de départ de la Mini-Transat en 2021

COURSE DU RHUM

Cette transatlantique en solitaire entre Saint-Malo et la Guadeloupe a été créée en 1978 et se court tous les 4 ans.

Au printemps 1975, Bernard Hass, secrétaire général du syndicat des producteurs de sucre du rhum des Antilles et Florent de Kersauson (frère d'Olivier de Kersauson) cherchent une idée pour relancer la filière du rhum. Ils lancent cette course de 3510 milles pour monocoques et multicoques. Pour motiver les skippers, les Guadeloupéens offrent 500 000 francs pour récompenser les 6 premiers.

La 1e édition en 1978 verra malheureusement la disparition d'Alain Colas sur Manureva.

Les femmes dans la course :

-1978 : 2 femmes sur 36 participants. Florence Arthaud termine 11e en 27 jours et Aline Marchand se classe 23e en 33 jours.

-1982 : Florence Arthaud, seule femme sur 50 participants. Elle termine la course en 22 jours à la 20e place.

-1986 : 2 femmes sur 33 participants. Florence Arthaud, qui termine 11e en 23 jours, et Louise Chambaz, obligée d'abandonner.

-1990 : Florence Arthaud, seule femme sur 15 participants, termine 1e en 14 jours. **Elle devient la 1e femme à gagner la course du Rhum.**

-1998 : on compte 3 femmes sur 35 participants :

Ellen MacArthur termine 16e en 20 jours.

Anne Caseneuve est 24e en 24 jours.

Catherine Chabaud doit abandonner.

-2002 : 4 femmes sur 41 inscrits :

Ellen MacArthur termine à la 1e place en 13 jours.

Miranda Merron se classe 8e en 20 jours en monocoque Imoca.

Anne Caseneuve est 2e en multicoque classe 2.

Karine Fauconnier est contrainte à l'abandon.

-2006 : 5 femmes sur 74 skippers :

Anne Liardet termine 8e en Imoca en 17 jours.

Servane Escoffier est 2e en monocoque classe 2 en 19 jours.

Aurelia Ditton se classe 2e en monocoque classe 3 en 25 jours.

Cécile Poujol est 18e en monocoque classe 40 en 23 jours.

Anne Caseneuve doit abandonner.

-2010 : 3 femmes sur 85 participants :

Servane Escoffier est 20e en 16 jours.

Anne Caseneuve se classe 22e en 16 jours.

Christine Monlouis doit abandonner.

-2014 : 3 femmes sur 91 participants :

Anne Caseneuve se classe 22e en 17 jours.

Miranda Merron termine 25e en 18 jours.

Juliette Petres est 39e en 19 jours.

-2018 : 6 femmes sur 123 participants :

Miranda Merron termine 41e en 21 jours.

Morgane Ursault Poupon est 62ᵉ en 27 jours.

Alexia Barrier arrive 63ᵉ en 27 jours.

Samantha Davies, Isabelle Joschke et Claire Pruvot doivent abandonner.

-2022 : 7 femmes sur 138 participants :

Justine Mettraux termine 18ᵉ du classement général (7ᵉ du classement Imoca) en 12 jours et 13 heures.

Isabelle Joschke se classe 20ᵉ au général (9ᵉ en Imoca) en 13 jours et 2 heures.

Pip Hare est 12ᵉ du classement Imoca en 13 jours et 8 heures.

Samantha Davies termine 28ᵉ des Imoca en 16 jours et 6 heures.

Morgane Ursault-Poupon se classe 31ᵉ en Classe 40 en 19 jours et 10 heures.

Catherine Chabot est 2ᵉ des Rhum mono en 19 jours et 10 heures.

Amélie Grassi a dû abandonner suite à un démâtage.

VENDÉE GLOBE

Ou l'Everest des mers

En 1989, Philippe Jeantot, navigateur, veut reprendre le programme du Golden Globe Challenge, une course qui ne s'était tenue qu'en 1968. Les skippers tournaient autour du monde en solitaire, en passant par les 3 caps.

La 1e édition a donc lieu en 1989, au départ des Sables d'olonne, qui est aussi le port d'arrivée.

Le Vendée Globe se court maintenant tous les 4 ans avec des monocoques de 60 pieds Imoca. Les navigateurs descendent l'Atlantique, affrontent les 40e rugissants, les 50e hurlants, passent les 3 caps, traversent les océans Indien et Pacifique avant de remonter l'Atlantique, en solitaire, sans escale et sans assistance. La distance est de 24 410 milles (45 000 km). Une zone d'exclusion de l'Antarctique a été mise en place pour éviter les collisions avec les icebergs.

Cette course est la plus difficile pour les marins. Il faut s'affronter au moins trois mois. Les différentes éditions ont été marquées par de nombreux abandons et quelques tragédies.

Le départ est soumis à des qualifications antérieures. En 1996, Raphaël Dinelli était parti « en pirate » car il n'avait pu se qualifier dans le temps imposé.

Au fil du temps, les bateaux ont évolué. Les coques passent en composite, on voit l'apparition de quilles pivotantes, de foils…

Le record actuel est détenu par Armel Le Cléac'h en 74 jours 3 heures 35 minutes. Mais certains participants bouclent leur tour en plus de 150 jours.

Les femmes dans la course :

-1996-1997 : Catherine Chabaud termine 6e en 140 jours 4 heures et 38 minutes, sur 15 participants (6 seulement franchissent la ligne d'arrivée).

Isabelle Autissier doit abandonner.

-2000-2001 : Ellen MacArthur termine à une magnifique 2e place en 94 jours 44 heures et 25 minutes. 24 participants dont seulement 15 terminent.

Catherine Chabot abandonne à cause d'un démâtage

-2004-2005 : Anne Liardet arrive 11e sur 20 en 119 jours 5 heures et 28 minutes (13 seulement terminent la course).

Karen Leibovici est 13e sur 20 (la dernière à passer la ligne cette année-là) en 126 jours 8 heures et 2 minutes.

-2008-2009 : Samantha Davies prend la 4e place sur 30 participants, dont 11 qui terminent, en 87 jours 2 heures 24 minutes.

Dee Caffari termine 6e sur 30 (11 qui terminent) en 99 jours 1 heure 10 minutes.

-2012-2013 : Samantha Davies doit abandonner.

-2020-2021 : Clarisse Crémer signe le meilleur temps féminin de l'histoire de la course.

Elle est 12e sur 33 participants au départ, 25 à l'arrivée. Elle termine en 95 jours 4 heures 39 minutes.

Pip Hare est 19e en 95 jours 11 heures 37 minutes.

Miranda Merron est 22e en 101 jours 8 heures 56 minutes.

Alexia Barrier termine à la 24e place en 111 jours 17 heures 3 minutes.

Ponton de départ du Vendée Globe 2016

TROPHÉE BPE (ou TRANSAT BRETAGNE-MARTINIQUE)

Créé en 2001, ce trophée s'est d'abord couru en double avec escales, tous les 2 ans. Le parcours est différent selon les éditions. La 1e course s'est déroulée de Saint-Nazaire à Dakar

En 2005, il devient la 1e épreuve transatlantique en monocoques Figaro-Bénéteau, en solitaire et sans escale de Saint-Nazaire à Cuba.

En 2007 et 2009, le trajet est de Belle-Île à Marie-Galante.

En 2011, le trophée BPE devient la transat Bretagne-Martinique, en solitaire de Brest à Fort-de-France, avec le même type de bateaux.

<u>Les femmes dans la course :</u>

Jeanne Grégoire en 2011. Elle termine 4e en 16 jours et 5 heures.

LA BAULE-DAKAR ou COURSE DES AMALDIES

Elle est créée en 1980, à l'origine pour des équipages en monocoques et multicoques. La course se fait ensuite en double.

La dernière édition, en 1991, est en solitaire.

AROUND ALONE, ou VELUX 5 OCEANS RACE ou BOC CHALLENGE

Cette course, inspirée par le Golden Globe Race, était en solitaire, par étapes et sans assistance.

Pour monocoques anciens, elle s'est courue tous les 4 ans de 1982 à 2011.

Elle s'est appelée au début « BOC Challenge », avec un départ de Newport et 3 escales à Le Cap, Sydney et Rio. Pour une distance de 29 000 milles, il fallait compter environ 120 jours de mer.

En 1998, la course change de nom et devient « Around alone », une 4e escale est ajoutée dans le port anglais de Torbay.

En 2006, la course devient « Velux 5 oceans race ». Elle part de Bilbao.

La dernière édition se court en 2010 au départ de La Rochelle, avec seulement 5 skippers.

Les femmes dans la course :

-Isabelle Autissier : En 1990, seule femme inscrite sur 9 participants. Elle termine 7e en 139 jours.

Nouvelle participation en 1994. Seule femme inscrite sur 20 participants. Elle a une avarie à la 2e étape.

Elle participe à nouveau en 1998, seule femme sur 16 inscrits. Elle abandonne à la 3e étape.

-Emma Richards : participe en 2002. Elle est la seule femme sur 13 inscrits et termine la course en 131 jours.

TRANSGASCOGNE

Cette course, créée en 1988, a lieu tous les 2 ans les années impaires. D'abord au départ de Port-Bourgenay (Vendée), elle démarre depuis 2017 des Sables d'Olonne (Vendée).

Cette course de 450 milles pour Minis et avec escale se fait en double ou en solitaire. Elle sert à tester les bateaux pour les futurs participants de la Mini-Transat.

Le trajet : Remontée sur Belle-Île et descente vers les côtes espagnoles. Puis retour aux Sables d'Olonne.

GENERALI SOLO

Elle fait partie du championnat d'élite de course au large en solitaire et par étapes qui se court en Méditerranée sur des bateaux monotype Figaro

De 1990 à 2015, elle a découvert de grands marins.

ROUTE D'ELISSA

Cette course ne se fait pas en solitaire. Mais elle est dans ce livre car elle est entièrement féminine.

Elle est créée en 2004 par Najib Gouiaa, Tunisien reporter de guerre, pour perpétrer la légende d'Elissa, ou Didon, fondatrice de Carthage.

Cette course pour la paix, va de la Tunisie au Liban, avec des escales, sur la route des premiers navigateurs phéniciens.

Pour le créateur, la voile est le symbole de courage, de liberté et d'ouverture à l'humain, tout comme Elissa qui a préféré l'exil en Afrique du nord au lieu de faire la guerre à son frère au Liban.

Cette course fait aussi réfléchir sur l'idée préconçue de la place de la femme.

TROPHÉE MARIE-AGNÈS PÉRON

Cette course en solitaire s'apparente aussi davantage à une transat mais elle a été créée en 2006 en hommage à une femme, Marie-Agnès Péron, tragiquement disparue en mer lors de sa 2e Mini-Transat. Longue de 220 milles aller-retour de Douarnenez aux Birvideaux (Bretagne sud), son but est de rappeler que la sécurité en mer reste une priorité.

LES SABLES-LES AÇORES-LES SABLES

Cette course a été créée en 2006 comme une épreuve alternative pour les Minis 6,50 (prototypes et séries) les années paires. Elle se fait en solitaire, sans assistance et sans escale, avec étapes. Longue de 2 fois 1270 milles, elle sert à aborder la course au large et est accompagnée par 3 bateaux.

TRANSAT B TO B (ou TRANSAT SAINT BARTH-PORT-LA-FORÊT)

Cette course a été créée en 2007.

La 1e édition est partie de Salvador de Bahia, au Brésil, pour arriver à Port-la-Forêt, en Bretagne.

C'est un trajet de l'ouest vers l'est, de 4200 milles, pour monocoques de classe 60 de type Imoca.

Cette course, qui s'organise tous les 4 ans, sert de « retour » de la transat Jacques Vabre, mais est aussi qualificative pour le Vendée Globe.

Elle part ensuite de Saint Barth et prend le nom de « Transat Saint Barth-Port-La-Forêt ».

<u>Les femmes dans cette course :</u>

2007 : Samantha Davies en 17 jours et Dee Caffari (abandon suite à un démâtage).

GLOBAL OCEAN RACE

Cette course autour du monde et par étapes a été créée en 2008 pour les Class 40, pour des budgets restreints.

C'est le 1er parcours qui passe par le Pacifique et le Cap Horn pour cette catégorie.

Long de 30 000 milles, il comporte 5 étapes.

La 1e édition, en 2008, avec comme départ et arrivée le Portugal, s'est courue en solitaire ou en double.

La 2e édition, au départ de Palma de Majorque, ne s'est courue qu'en double.

La 3e édition, prévue en 2015, a été annulée.

TRANSAT NEW-YORK-VENDÉE-LES SABLES

Cette transat est le dernier rendez-vous avant le Vendée Globe dont c'est une course qualificative. Elle a été créée en 2016 pour l'internationalisation de la course et pour les Imoca 60 pieds. Sans assistance et sans escale, c'est une transatlantique de 3100 milles au départ de Manhattan, avec une arrivée en Vendée, aux Sables d'Olonne. Elle doit se courir tous les 4 ans.

14 skippers étaient inscrits à l'édition de 2016.

Ce fut la seule édition puisque celle de 2020 est tombée pendant la pandémie de Covid 19.

LA BERMUDES 1000 RACE

Ou GUYADER BERMUDES 1000 RACE

Cette course annuelle en solitaire d'environ 1200 milles a été créée en 2018 pour les Imoca. Elle part d'un port finistérien, qui change en fonction des éditions.

Le trajet représente un triangle de 1000 à 2000 milles dans l'Atlantique. Les escales techniques et l'assistance sont autorisées.

Cette course est une épreuve qualificative pour la Route du Rhum.

Elle permet aussi d'accumuler des milles pour la qualification au Vendée Globe.

Elle est inscrite également dans le championnat du monde des Imoca.

La course a été annulée pendant 2 ans à cause de la pandémie.

Les femmes dans la course :

2018 : Samantha Davies arrive 2e sur 6 participants en 3 jours.

2019 : Samantha Davies termine à la 4e place.

2022 : Isabelle Joschke finit 5e sur 24 en 6 jours.

    Pip Hare est 17e en 6 jours et 10 heures.

1000 MILLES DES SABLES

Cette course en solitaire, créée en 2018 pour classe 40 et Ocean Fifty, dure environ 4 jours.

Le départ et l'arrivée sont aux Sables d'Olonne. Les bateaux passent par le phare de Fastnet à la pointe sud de l'Irlande, et au Cap Finisterre.

Elle est qualificative pour la Route du Rhum.

LA LONGUE ROUTE

On ne retrouve qu'une édition de cette course pour l'instant, pour le cinquantième anniversaire du trajet de Bernard Moitessier en 1968. Ce skipper, parti faire le Golden Globe, a décidé de changer son itinéraire après avoir passé le cap Horn, « parce que je suis heureux en mer et peut-être pour sauver mon âme », explique-t-il. Bernard Moitessier choisit alors de repartir au cap de Bonne Espérance, de retraverser l'océan Indien, repasser le cap Leeuwin et de s'arrêter à Papeete.

En 2018, 18 skippers ont décidé de lui emboiter le pas, en solitaire. Le règlement peu contraignant a permis à certains de s'arrêter pour réparer.

Une femme a participé : Suzanne Huber-Curphew. Elle est partie de Portland mais n'est pas revenue à son port d'attache, préférant s'arrêter en Tasmanie.

VENDÉE ARCTIQUE-LES SABLES

ou VALSO

Cette course, en solitaire et sans escale, a été créée en 2020 pour remplacer 2 compétitions annulées par la pandémie de Covid 19, qui sont The Transat et New-York-Vendée-Les Sables. Pour les Imoca 60 pieds, sa distance est de 2807 milles, jusqu'en Islande. Les skippers doivent passer le cercle polaire. Ils se mettent dans les conditions du Vendée Globe.

Cette course, qualitative pour le Vendée Globe, est aussi soumise à qualification.

Les femmes dans la course :

2020 : 4 femmes sur 20 participants.

Samantha Davies termine 4e en 10 jours.

Clarisse Crémer est 12e en 10 jours.

Isabelle Joschke se classe 13e en 10 jours.

Miranda Merron termine 17e en 11 jours.

2022 : Seulement 2 femmes participent sur 22 navigateurs : Isabelle Joschke et Pip Hare.

La course a été arrêtée pour des questions de sécurité (vents tempétueux et mer trop houleuse). Une ligne d'arrivée a été décidée à la dernière minute afin d'établir un classement. Le trajet sera peut-être modifié pour la prochaine édition.

Départ de la Vendée-Arctique 2022

GLOBAL SOLO CHALLENGE

Cette course autour du monde pour marins amateurs et petits budgets sera lancée en 2023.

Elle est à l'initiative du skipper italien Marco Nannini. Sans escale et sans assistance, elle suivra le même parcours que le Vendée Globe, en passant par les 3 caps, mais le départ sera donné de La Corogne, en Espagne.

Pour rendre la course plus équitable et permettre aux petits budgets de participer, elle est ouverte aux monocoques de 32 à 55 pieds.

De même, 6 départs seront échelonnés entre le 2 septembre et le 28 septembre 2023, les bateaux les plus lents partant en premier. Le 1er arrivé sera le vainqueur.

TRANSQUADRA

Cette course est un peu à part puisqu'elle est la seule transatlantique pour les **amateurs** de plus de 40 ans, dont au moins deux-tiers de débutants (C'est pour cela qu'elle est placée en fin de liste). Elle se pratique en solitaire ou en double. Elle se déroule tous les 3 ans depuis 1993.

Elle a 2 points de départ, pour faire étape à Madère. La 2e étape emmène les skippers en Martinique, sur des bateaux de 9,50 à 11 mètres.

LES FEMMES DANS LA COURSE AU LARGE

Depuis le début de la navigation, les femmes ont eu du mal à trouver leur place sur les bateaux, dans les courses au large, en équipage ou en solo.

Dans les grandes courses, le pourcentage de femmes est encore très faible, même si celles-ci s'imposent de plus en plus.

Certaines diront que la voile est toujours un monde machiste.

Après avoir passé des dizaines d'heures sur les pontons et écumé des centaines de sites internet et d'articles, nous vous présentons ici des femmes extraordinaires, des pionnières, des aventurières, des passionnées, des battantes, des personnes qui s'engagent chacune à leur manière pour les enfants, les femmes, l'écologie, la liberté.

Nous nous intéresserons ici aux navigatrices qui ont réalisé des défis au large et en solitaire, des défis qui malmènent les organismes et les bateaux, dans lesquels il faut gérer le sommeil, le stress, la fatigue, la solitude, le froid ou la chaleur, des défis où elles doivent manipuler et réparer seules leur bateau, prendre les bonnes décisions, parfois monter en haut du mât en pleine mer, et gérer tant d'autres problèmes.

Ce livre est donc un hommage à toutes ces femmes qui osent se lancer dans ces aventures, qui osent affronter les éléments, les sponsors et les « on dit », des femmes qui osent vivre leur vie..

Les femmes pirates sont classées par dates, les aventurières modernes par ordre alphabétique.

Toutes nos excuses à celles qui ne sont pas citées par manque d'informations, ou car elles sont parties à l'aventure après la sortie de ce livre.

Et comme de plus en plus de femmes se lancent dans la course au large, cette liste n'est pas exhaustive et cet ouvrage sera amené à évoluer.

Les femmes pirates

Les pirates n'acceptaient pas les femmes sur les bateaux. Elles étaient synonymes de malchance et ils craignaient des bagarres à cause de leur présence.

Pourtant, depuis toujours, les femmes ont bravé ces interdictions au nom de la liberté et de l'aventure. Pour naviguer, elles devaient donc se travestir avec des vêtements d'hommes et porter un nom d'emprunt. Le plus ancien travestissement reviendrait à la princesse viking Alfhild.

Les femmes pirates ont été nombreuses. Si certaines sont restées dans l'ombre, d'autres ont marqué l'histoire de la piraterie de l'antiquité à nos jours.

La reine Teuta

Elle a navigué pendant l'Antiquité, de 232 à 228 avant J-C. Elle a écumé les mers Adriatique et Ionienne. Ses actes de piraterie en Adriatique ont conduit à la première guerre entre Illynectre et la république romaine.

Ladgerda

Pirate viking du IXe siècle, elle a sauvé la flotte de son mari attaquée par une tribu en guerre. Puis elle l'a assassiné pour prendre sa place comme chef.

Rusla, la « célibataire rouge »

Elle a sévi à l'époque médiévale et Viking, au Xe siècle. Cette fille de roi viking a monté une flotte pour venger son frère dépossédé de son trône par des Danois. Elle est toujours accompagnée de **Stikla,** qui entre en piraterie pour échapper à un mariage.

Jeanne de Belleville (ou de Clisson)

Surnommée la « Tigresse bretonne », cette Française exerce la piraterie de 1343 à 1356 pour venger l'exécution de son mari sous les ordres du roi de France Philippe VI. Elle vend ses terres pour acheter trois navires de guerre qu'elle appelle sa flotte noire. Elle navigue sur la Manche et prend plusieurs bateaux du roi de France.

Sayyida al-Hurra

Pirate marocaine de 1510 à 1542, elle est la Princesse de Tétouan. C'est l'une des personnes les plus importantes de l'occident musulman de cette époque. Elle lutte contre les Portugais et pour son alliance avec le corsaire Arudj Barberousse.

Grace O'Malley

Irlandaise, et pirate de 1530 à1603, elle prend la tête du clan O'Malley à la mort de son mari. Elle se bat pour le contrôle de ses positions et de la baie Clew. Elle est capturée et emprisonnée puis libérée. Elle donne naissance à son plus jeune fils sur un bateau pirate.

Lady Mary Killigrew

Cette anglaise a fait de la piraterie de 1530 à 1570. Elle est la fille d'un pirate et épouse d'un ancien pirate. Elle vole un navire allemand que son équipage a vendu en Irlande. Elle est arrêtée et échappe à la peine de mort grâce à Elisabeth 1e.

Jacquotte Delahaye

Caribéenne, elle est pirate de 1650 à 1660. Très active aux Caraïbes, on lui prête de nombreuses légendes. Sa mère est morte à sa naissance et son père est assassiné, elle survit grâce à la piraterie. Elle a une chevelure rouge. Elle se fait passer pour morte pour échapper à ses ennemis. Elle dirige un clan de plusieurs centaines de pirates et domine plusieurs îles des Caraïbes.

Ann Chamberlyne

Elle est pirate de 1667 à 1671. C'est la 1e femme connue dans l'histoire de la voile britannique. Avec des vêtements d'homme, elle rejoint son frère pour combattre les Français lors de la guerre de 9 ans.

Anne Dieu-Le-Veut

Pirate française de 1690 à 1704, elle sévit dans les Caraïbes. Elle accompagne son 3e mari qui avait assassiné en mer son 2e mari.

Anne Bonny

Pirate irlandaise, active dans les Caraïbes de 1719 à 1720 avec son compagnon « Calico Jack » Rackham, ils engagent comme membre d'équipage Mary Read, qu'ils avaient pris au début pour un homme.

Mary Read

Pirate anglaise de 1718 à 1720, elle sévit dans les Caraïbes. Elle prend un nom d'homme, Mark Read, et des habits masculins et s'engage dans la marine nationale britannique, puis sur un bateau marchand. Elle est capturée par des pirates anglais et enrôlée par Rackham et Bonny. Elle meurt en prison en 1721.

Hannah Snell

Elle rejoint l'armée en 1795 sous le pseudonyme de James Grey avant d'être enrôlée dans la marine comme assistant cuisinier puis comme simple marin. Pendant 9 ans passés en mer, elle fait de nombreuses batailles navales.

Madame Cheng (Ching Shih)

C'est l'une des plus prospères du XIXe siècle et la plus puissante de l'histoire de la piraterie. Elle a commencé sa vie en Chine comme prostituée.et est entrée en piraterie par son mari Cheng 1 qui avait plus de 400 navires et plus de 70 000 marins. A la mort de son mari sept ans plus tard, elle épouse son fils adoptif, ce qui lui permet de devenir le nouveau chef de la flotte. Elle commande alors plus de 80 000 hommes, surtout dans les eaux de la mer de Chine.

Sadie la chèvre

Pirate américaine du XIXe siècle, elle est chassée de Manhattan après une bagarre avec une femme qui lui a arraché l'oreille. C'est un agresseur sans pitié qui écume la rivière Hudson et Harlem à la recherche de butins. Elle est réputée pour avoir fait des raids sur les fermes et les manoirs chics le long de la rivière. La légende dit qu'elle a racheté son oreille pour la mettre en médaillon.

Cheng Chui Ping (Sister Ping)

Cette Chinoise a fait de la piraterie de 1970 à 1990 au sud de la mer de Chine. Elle effectuait des trafics de migrants chinois vers les Etats-Unis et l'Europe. Elle a été condamnée à 35 ans de prison par les Etats-Unis.

LES AVENTURIÈRES

MODERNES

EN SOLITAIRE

Cécile ANDRIEU

Née en 1988

Travaille dans l'investissement d'entreprises internationales en France

Cécile Andrieu est originaire de La Rochelle.

Elle a été baignée toute petite dans la voile puisque son père est architecte naval et que sa mère, navigatrice, a réalisé deux fois la course de l'Aurore, ainsi que la traversée Québec-Saint-Malo.

Pas plus intéressée que cela par la voile, Cécile décide pourtant d'en pratiquer plus intensément au lycée.

Après ses études, on lui propose de ramener du Brésil le bateau d'Isabelle Autissier avec 3 autres copains. Ce voyage initiatique de 46 jours est un déclic. Elle reprend l'héritage familial et fait des courses en double avec son père, des compétitions en Match Racing, avec des équipages le plus souvent féminins, des régates.

Ses modèles sont Isabelle Autissier et Clarisse Crémer.

Fin 2019, elle se sent prête à partir en solitaire. Elle achète son bateau en 2020 et réalise ses courses de qualification pour la Mini transat 2021 sur ses congés annuels.

Palmarès en solitaire

Mini transat 2021 : Elle se classe 18e.

Ses meilleurs souvenirs

« Le plaisir d'être sur l'eau et seule. Le plaisir de prendre seule les décisions.

Il y a aussi la partie compétition. Les bateaux de la Mini sont tous similaires. C'est un grand jeu »

A noter que Cécile a pris le départ de la Mini 2021 avec comme concurrent son copain Jean Cruse. « Cette course était mon rêve personnel. Je suis ravie que mon copain parte à mes côtés, c'était le moment. Mais ce n'est pas si facile de transformer mon projet en projet de couple ».

Ses appréhensions

Heurter un OFNI. Ou casser. « Je n'ai pas un passif d'ingénieur. J'ai déjà réfléchi à beaucoup de situations ».

Son objet fétiche

Un petit ours que son conjoint a fabriqué.

Florence ARTHAUD

La petite fiancée de l'Atlantique

Seule femme à gagner la course du Rhum

Née en 1957 à Boulogne-Billancourt

Décédée le 9 mars 2015 dans un accident d'avion en Argentine

Florence Arthaud est la fille de Jacques Arthaud, directeur de la maison d'édition grenobloise Arthaud.

Elle commence à naviguer toute jeune avec son père et son frère, et se perfectionne au club de voile d'Antibes.

A 17 ans, en 1974, elle est victime d'un grave accident de voiture qui entraîne un coma et une paralysie. Elle aura deux ans de rééducation.

Mais l'appel de la mer est le plus fort.

Son palmarès en solitaire :

Florence Arthaud a participé à de nombreuses courses en double. On s'attardera ici sur ses courses en solitaire.

-1978 : Elle participe à la 1e route du Rhum sur son bateau X Périmental et termine 11e. Elles sont 2 femmes sur 36 participants.

-1982 : Nouvelle route du Rhum sur Biotherm II. C'est la seule femme de la course. Elle termine 20e sur 46.

-1986 : Elle est 11e sur 32 (2 femmes) à la route du Rhum.

-1988 : Elle participe à la Transat anglaise et termine 7e sur 95 participants, à bord du trimaran Pierre 1er.

-1990 : **Elle gagne la Route du Rhum** sur son trimaran Pierre 1er en 14 jours 10 heures et 8 minutes.

-1990 : Elle bat le record de traversée de l'Atlantique nord à la voile en solitaire, de New-York en Grande-Bretagne, en 9 jours 21 heures et 42 minutes, soit presque 2 jours de moins que le record alors détenu par Bruno Peyron.

-1997 : Elle participe à la solitaire du Figaro.

En 2010, elle n'a plus de sponsors. Le bateau qui lui était réservé a été donné à un homme. Elle est dégoûtée, dénonce le sexisme dans ce sport. Elle veut arrêter la compétition.

Mais elle navigue pour elle-même. En octobre 2011, elle tombe dans son bateau en pleine nuit au large du cap Corse. Elle est récupérée en hypothermie 3 heures 20 après son appel de détresse grâce à la géolocalisation de son téléphone.

Des récompenses

Florence Arthaud est élue championne des champions par le journal l'Equipe en 1990.

Elle reçoit 2 fois le prix Monique-Berlioux de l'académie des sports pour la meilleure performance sportive féminine de l'année écoulée en 1978 et 1990.

Des chansons et des livres

En 1989, elle interprète 3 chansons en duo avec Pierre Bachelet sur le disque « Quelque part...C'est toujours ailleurs », qui décrit les relations de la navigatrice avec la mer. La chanson la plus célèbre s'appelle « Flo ». Elle l'a interprétée avec Pierre Bachelet à l'émission de Michel Drucker « Stars 90 ».

Florence Arthaud a aussi écrit plusieurs livres et a travaillé sur un projet de course réservée aux femmes.

Elle est décédée le 9 mars 2015 dans un accident d'hélicoptère. Elle participait au tournage d'une émission de télé-réalité « Dropped » de TF1. D'autres sportifs français ont également perdu la vie dans ce crash.

Elle est inhumée selon ses volontés sur l'île Sainte-Marguerite, en face de Cannes.

Plusieurs lieux portent son nom : Une digue du port de plaisance de Brest, un quai à Paris, une rue aux Sables d'Olonne, à Bordeaux, à Carnon Plage, ainsi que des écoles.

Un film est en préparation sur elle, par la réalisatrice, actrice et navigatrice Géraldine Danon, à partir du livre de Yann Queffelec « La mer et au-delà ».

Philippe Poupon a participé à la Route du Rhum 2022 sur le bateau gagnant et mythique de Florence Arthaud rebaptisé « Flo ».

Isabelle AUTISSIER

Née en 1956 à Paris   Ingénieure
agronome, écrivain

1e femme à faire le tour du monde en solitaire en compétition

Isabelle Autissier a découvert la voile à l'âge de 6 ans.

Devenue ingénieure agronome, elle mène des études sur les gros crustacés et sur les pêcheries du golfe de Gascogne. Elle enseigne aussi à l'école maritime et aquacole de La Rochelle.

En 1987, elle construit son premier bateau et réalise sa première traversée de l'océan.

En 1991, elle fonde l'association Imoca, avec 3 autres navigateurs (Alain Gautier, Christophe Auguin, Jean-Luc Van Den Heede) pour regrouper les skippers des monocoques de 60 pieds.

Ses palmarès en solitaire :

-1987 : Elle termine 3e de la Mini-Transat.

-1989 : Elle est 12e de la Solitaire du Figaro.

-1991 : Elle se lance dans le BOC Challenge et finit à la 7ᵉ place. **Elle est la 1ᵉ femme à boucler un tour du monde en solitaire en course.**

Grâce à cette performance, elle décide d'arrêter l'enseignement et de se consacrer à la course au large.

-1994 : Lors du BOC Challenge, elle démâte. Son bateau est ensuite détruit par une vague au sud de l'Australie.

-1996 : Elle participe au Vendée Globe. Elle est contrainte à l'abandon suite à une avarie de safran. Elle va réparer au Cap mais repart hors course pour finir son tour du monde. Et elle termine juste 4 jours après le vainqueur.

Lors de cette même course, elle fait demi-tour en pleine tempête pour tenter de retrouver Gerry Roufs, un participant dont la balise avait cessé d'émettre, sans succès (La balise Argos de Gerry Roufs a cessé d'émettre alors qu'il se trouvait en 2ᵉ position de la course. Il avait déclaré peu de temps avant « Les vagues sont hautes comme les Alpes ». Il a disparu en mer lors de ce Vendée Globe).

-1999 : Elle se lance à nouveau dans le BOC Challenge, rebaptisé Around Alone. Elle chavire et son bateau reste à l'envers. Elle sera sauvée par Giovanni Soldini, un skipper italien.

Suite à cette course, elle décide d'arrêter la course en solitaire mais elle poursuit en équipages.

En 2002, elle réalise une mission de deux mois à la voile en Antarctique pour un projet scientifique et culturel.

Elle écrit des livres (essais, romans, un livret d'opéra).

De 2012 à 2016, elle est sur France Inter le dimanche pour présenter « Les récits d'Isabelle Autissier ».

Ses engagements :

-2009 : Elle devient présidente de WWF France.

-2009 : Elle est nommée vice-présidente du Grenelle de la mer.

-Elle est ambassadrice de la fédération internationale des ligues des droits de l'homme.

-Elle est administratrice de la Fondation de France.

-Elle est également administratrice du parc national de Port-Cros.

-2010 : Elle participe à une expédition en Antarctique pour la réalisation d'un film pour Thalassa.

Ses décorations :

-1995 : Elle est nommée marin de l'année

-2004 : Commandeure de l'Ordre du Mérite

-2008 : Commandeure de la Légion d'Honneur

-2009 : Chevalier des Arts et Lettres

Une rose porte son nom depuis 1999.

Jeanne BARRET (ou BONNEFOI)

Née en 1740 en Bourgogne, morte en 1807

Exploratrice et botaniste française

Elle n'a pas navigué en solitaire mais elle est **la 1e femme à avoir fait le tour du monde en mer.**

Fille d'agriculteur, elle a connu le naturaliste Philibert Commerson. Cet homme a été demandé pour l'expédition de Bougainville, un mathématicien sollicité par Louis XV pour se rendre dans le Pacifique. Commerson ne veut pas partir sans Jeanne Barret. Mais, à cette époque, les femmes sont interdites sur les navires de la marine Française.

Jeanne Barret se déguise donc en homme pour embarquer sur « l'Etoile » de 1767 à 1769.

Lors d'une étape, Commerson et Barret recueillent une liane qu'ils nommeront Bougainvillea.

Alexia BARRIER

Née en 1979 à Paris

Alexia Barrier grandit à Nice et découvre toute jeune la voile sur le bateau de ses parents.

Dès l'âge de 15 ans, elle encadre des stages de voile.

Après des études de management du sport, elle commence la course au large à 25 ans. Elle navigue entre autres avec Florence Arthaud, Samantha Davies.

Elle traverse plus de 15 fois l'Atlantique, dont 5 fois en solitaire.

En 2018, elle achète un Imoca de 1998 qui a déjà fait 7 tours du monde, dont 6 Vendée Globe.

Elle décide de changer son bateau pour être plus performante dans l'objectif du Vendée Globe 2024. Mais, pendant la transat Jacques Vabre avec Manuel Cousin, elle change d'idée. Elle ne sera pas présente sur ce tour du monde, souhaitant monter le projet qui lui trotte dans la tête depuis un moment : Monter une équipe 100% féminine pour faire le tour du monde en multicoque Ultim sur le trophée Jules Verne 2024.

Ses palmarès en solitaire :

-2018 : Elle termine 15ᵉ à la Route du Rhum.

-2019 : Elle est 14 e de la Bermudes 1000 Race.

-2021 : Elle termine 24ᵉ du Vendée Globe, avec le bateau le plus ancien de la flotte.

Ses engagements :

Elle fonde en 2010 l'association 4My Planet, pour sensibiliser à la protection des océans et de la nature. Elle reçoit des enfants sur son bateau renommé au nom de l'association et elle récolte des données scientifiques pour l'étude des océans.

Dona BERTARELLI

Née en 1968 à Rome

Femme d'affaires, co-présidente de la Bertarelli Foundation

Dona Bertarelli est la fille de l'homme d'affaires Fabio Bertarelli, à la tête de l'entreprise Serono qui lutte contre l'infertilité. En 2011, la famille se situe au 81e rang mondial en termes de richesses.

En 1999, après la mort de son père, elle crée avec son frère la fondation Bertarelli pour promouvoir le partage des connaissances dans le domaine de l'infertilité. Elle en est présidente pendant 10 ans. Elle est aussi ambassadrice de Ma vie Ton sang, une association suisse de bienfaisance pour la transfusion. Elle soutient également la campagne Go Red for women, de l'organisation mondiale de la santé.

Malgré toutes ses occupations, elle reste passionnée par l'eau. En 2007, elle participe à des régates sur le lac Léman avec son catamaran Lady cat. Elle participe aussi au Bol d'or Mirabaud et est la 1e femme à remporter cette course depuis sa création en 1939.

En 2013, elle achète Maxi banque populaire V, un maxi trimaran. Elle s'engage aussi dans le développement durable et la conservation de la nature. Elle veut faire prendre des décisions fortes aux gouvernements et sensibiliser les jeunes générations. Elle bat également, avec son équipage 100% féminin, le record de l'America Discovery Route.

En 2014, elle reçoit le trophée femme navigatrice de l'année.

En 2015, avec son équipe, elle part à l'assaut du trophée Jules Verne.

En 2016, elle détient le record de la femme la plus rapide à effectuer un tour du monde. Sa fondation est désormais dédiée, entre autre, à la conservation du milieu marin. Elle initie les jeunes à la voile et crée son écurie de course à voile afin de battre des records océaniques.

Camille BERTEL

Née en 1997

Skipper professionnel

    Camille Bertel est Brestoise. Elle a commencé la voile à 9 ans pendant les vacances, en stages d'été. Depuis, elle n'a pas pu décrocher.

Avant même de faire du dériveur, elle songeait à la course au large. Elle a intégré l'équipe de Bretagne, puis l'équipe de France.

Lors d'une licence en alternance, elle est recrutée par une team pour la construction de bateaux dans un atelier de composites.

Pour la mini transat de 2021, elle prépare donc elle-même son bateau.

Elle a un gros soutien familial. Ses parents la laissent faire ce qu'elle veut si elle y va à fond.

Son but est de se préparer pour une grande course en solitaire autour du monde comme le Vendée Globe.

Son palmarès

-7e au championnat d'Europe Eurosaf

-2e à l'international Youth club sur 420 en 2015

Ses courses en solitaire

Mini transat 2021 (elle est la seule skippeuse professionnelle de la course). Elle termine 21e en proto en 31 jours.

Ses meilleurs souvenirs

-Sa traversée de la mer d'Irlande lors d'une qualification, avec 30 dauphins autour d'elle.

-« En mer, les sensations sont décuplées, qu'elles soient bonnes ou mauvaises. Je n'ai jamais été aussi libre que sur l'eau ».

Une grosse galère

-Sur un Mini, je suis tombée en panne d'énergie. Plus de pilote, de GPS. Je suis restée 50 heures sans dormir, j'ai eu des hallucinations et je me suis échouée sur une île ».

Ses craintes

La casse

Son objet fétiche

Un petit éléphant rapporté de voyage par son frère et sa sœur

Sandrine BERTHO

En 1985, après son baccalauréat, Sandrine Bertho hésite entre la faculté de médecine et la voile. Elle choisit de devenir skippeuse professionnelle.

Elle a aussi une entreprise de location de bateaux à La Rochelle.

Elle se lance dans une formation d'infirmière et achète un Mini dans le but de faire des croisières avec ses filles.

Mais le projet de Mini-Transat la poursuit.

Elle se lance dans l'édition de 2009, sans sponsor, à 40 ans. Elle est parmi les plus âgées et la seule avec des enfants, ce qui lui vaut pas mal de réflexions de la part de ses collègues infirmières (car on ne laisse pas des enfants pour partir en course quand on est une femme).

Actuellement, elle manage une team Actual leader pour un projet de classe ultime.

Elle déplore l'image envoyée aux filles dans le milieu de la course au large : Il est difficile pour une femme de se faire embarquer dans une équipe.

Pour elle, la solution est de créer des quotas pour certaines épreuves.

Elle apprécie aussi le progrès avec la création de crèches par la fédération française de voile pour les compétitions féminines.

Sa fille Améli Grassi s'est aussi lancée dans la Mini-Transat.

Suzanne BEYER

Italienne

Commandant depuis 2005 d'un yacht à voiles, Suzanne décide, en 2008, de réaliser son rêve de course au large, de vivre sa grande aventure personnelle et achète son bateau.

Elle court la Mini-Transat 2011.

Colombine BLONDET

Etudes de design d'intérieur

Colombine Blondet est passionnée de voile depuis l'âge de 11 ans. Elle veut créer des objets à base de morceaux de bateaux recyclés. Elle part donc à Lorient.

Elle devient préparatrice et réparatrice de bateaux de course au large.

Mais elle en assez de voir partir les bateaux partir alors qu'elle reste à terre. Elle en achète un et se lance dans la Mini-Transat en 2021. Elle termine 14e en proto en 16 jours.

Annabelle BOUDINOT

Née en 1983 en Charente

Ingénieure en mécanique et conception

Avec des parents navigateurs, elle monte tout bébé en bateau. A 16 ans, elle conduit le bateau familial et devient monitrice de voile.

Elle fait des études d'ingénieure en mécanique et conception, spécialisée en naval.

Son palmarès en solitaire :

Elle termine 9e de la Mini-Transat 2013.

Puis elle est embauchée sur une goélette dans la région polaire.

Elle constate l'état lamentable des océans et se veut messagère de la fondation Race for Water, qui cherche à préserver l'eau.

Dee CAFFARI

Née en 1973
Britannique

1ᵉ femme à naviguer en solitaire et sans escale dans les 2 sens.

Dee Caffari a une mère phobique de l'eau et un père qui aime le bateau.

Elle est d'abord enseignante d'éducation physique pendant 15 ans. Puis elle passe son diplôme de skipper professionnel.

Son palmarès en solitaire :

-En 2006, **elle est la 1ᵉ femme à faire le tour du monde en solitaire contre vents dominants.**

-2 ans après, elle refait un tour du monde mais dans les 2 sens en 178 jours. Elle est alors la seule femme à avoir fait 3 tours du monde sans escale.

-En 2008, elle participe au Vendée Globe et termine 6e sur 30 participants.

Mais elle a bien d'autres cordes à son arc :

-Lors du Global Challenge, elle manage un équipage de 17 personnes et y étudie la gestion des hommes et des conflits dans une course de 10 mois.

-Elle dirige la 1e équipe mixte de jeunes à participer à la Volvo Ocean Race.

-Elle est décorée par la reine d'Angleterre (elle reçoit un MBE, nomination à l'ordre de l'empire britannique).

-En 2014, elle rejoint l'équipe féminine de la Volvo Ocean Race et bat le record de vitesse de la Manche (tour de la Grande-Bretagne et de l'Irlande) en monocoque et en 4 jours.

Ses engagements :

Marathonienne, présentatrice et conférencière, elle est aussi présidente du World sailing trust, qui lutte pour la santé des océans.

Elle s'engage pour réduire la dépendance aux plastiques.

Elle veut aussi inspirer d'autres femmes et les inciter à se dépasser, et promouvoir les athlètes féminines.

Anne CASENEUVE

Née en 1964 en Seine et Oise

Anne Caseneuve grandit en Afrique. Elle passe ses vacances à l'Île aux Moines où elle découvre la voile à 5 ans sur un optimist.

A 18 ans, elle traverse l'Atlantique pour la 1e fois.

Elle passe sa vie sur l'eau.

En 1987, elle dirige avec son mari, le navigateur Christophe Houdet, une école de voile, un bar et une sandwicherie. Puis le couple se lance dans la construction d'un trimaran de 40 pieds en aluminium.

Son palmarès en solitaire :

Elle court 5 « Route du Rhum » : Les plus marquantes :

-1998 : Elle n'a ni argent, ni sponsor. Il lui manque des équipements et du matériel indispensable quelques heures avant le départ, que des amis lui prêtent à la dernière minute. Malgré ces déboires, elle termine à la 3e place.

- 2002 : Elle bat le record de traversée de l'Atlantique en féminin et en solitaire.

-2014 : Elle termine 1e dans la classe « Rhum » en 17 jours. Seules 4 femmes sont inscrites à cette course sur 91 participants. Elle devient la 3e navigatrice à avoir remporté cette course après Florence Arthaud et Ellen MacArthur.

En plus de ces exploits, elle navigue avec son mari Christophe, son fils Aubin et sa fille Djamina. Avec celle-ci, elle termine 3e du trophée Jules Verne 2007.

En 2005, elle établit le record du Ruban bleu (tour de la Guadeloupe).

Elle fonde une école de voile à l'île aux Moines.

Elle organise des mini-croisières en Bretagne l'été et aux Antilles l'hiver.

On dit qu'elle prend plaisir à manœuvrer à la voile dans les ports les plus bondés sans allumer le moteur.

On dit aussi que, en mer, elle se nourrit essentiellement de chips et de punch.

Anne Caseneuve est décédée d'un cancer en 2015, à 51 ans, soit un an après avoir gagné la Route du Rhum. Ses cendres ont été dispersées dans le golfe du Morbihan et dans la mer des Caraïbes.

Catherine CHABAUD

Née en 1962 à Bron (Rhône) et femme politique   Journaliste

1e femme à terminer un tour du monde en course en solitaire et sans escales (Vendée Globe)

Pendant ses études de mathématiques appliquées, elle cofonde la course-croisière Spi Dauphine en 1981. Puis elle intègre une école de journalisme et travaille pour la radio et la presse écrite. Elle anime des émissions d'aventure et sur le développement durable. Elle est rédactrice en chef de la revue Thalassa de 2005 à 2007.

Ses palmarès en solitaire :

-1991 : Elle participe à la Mini-Transat.

-1996 : Elle termine 10e sur 58 participants à la Transat Anglaise.

-1996-1997 : Participation au Vendée Globe sur Whirlpool-Europe 2. La course compte 15 participants, dont 2 femmes, mais seulement 6 bateaux sont à l'arrivée. Catherine Chabaud termine à la 6e place en 140 jours.

Elle devient la 1e femme à terminer un tour du monde en course en solitaire et sans escales.

-1998 : Elle participe à la route du Rhum (Elles sont 3 femmes sur 35) et est obligée d'abandonner.

-2000 : Elle termine 6ᵉ en classe Imoca à la Transat Anglaise.

-2000-2001 : Nouvelle participation au Vendée Globe. Seulement 2 femmes sur 24 inscrits.

Elle abandonne suite à un démâtage.

-Elle court aussi 2 solitaires du Figaro.

-Elle repart pour la route du Rhum en 2022 pour alerter sur le changement climatique et poursuivre son combat pour la défense des océans. Elle termine 2ᵉ en catégorie Rhum mono.

Ses engagements :

Elle a copiloté l'expédition mer-montagne « Les montagnes du silence », réalisé avec les sourds de Géorgie en 2004.

Elle a cofondé la plateforme Océan et Climat, pour faire reconnaître « l'océan comme un bien commun de l'humanité ».

Elle est investie de missions par le ministère de l'écologie.

Elle travaille sur le voilier du futur.

Le 26 mars 2019, elle est élue député européen dans le groupe du MoDem. Son but est de protéger la mer.

Ses décorations :

-En 2006, elle est décorée de l'ordre du mérite.

-En 2009, elle est nommée à l'ordre du mérite maritime.

-Elle reçoit le titre de chevalier de la légion d'honneur en 2014.

-En 2015, le Yacht club de Monaco lui remet le prix de la personnalité de la mer.

Depuis 2002, elle navigue en amateur, en double ou en équipage.

Krystyna CHOJNOWSKA-LISKIEWICZ

Née en 1936 à Varsovie (Pologne), décédée en 2021

Ingénieure navale

1ᵉ femme à faire le tour du monde à la voile en solitaire. Elle est appelée « Première dame des océans ».

Après la guerre, ses parents ont déménagé près des grands lacs où Krystyna a fait ses premières expériences de voile.

La femme devient ingénieure en construction navale et navigue.

En 1975, quand les Nations Unies décrètent l'année internationale de la femme, l'association polonaise de voile veut envoyer une femme faire le tour du monde à la voile en solitaire.

Avec un bateau de 9,5 mètres construit pour cette performance, Krystyna se lance en mars 1976 des Îles Canaries. La première tentative est un échec. Elle repart le 28 mars, soit 18 jours après. Elle gagne le Pacifique en passant par le canal de Panama. Puis elle se rend en Australie et traverse l'océan Indien pour arriver en Afrique du sud avant de rentrer à Las Palmas (Canaries) le 21 mars 1978. Elle a parcouru 28 696 milles, avec escales, en 401 jours.

Elle a reçu la Croix de commandeur de l'Ordre polonais.

Elle a aussi été faite citoyenne de l'année de Gdansk en 1978 et reçu une médaille d'or pour ses exploits sportifs exceptionnels.

Elle a écrit son voyage dans « Première à naviguer sur le monde ».

LISA CLAYTON LYTTELTON

Née en 1958
Britannique

1e femme britannique à naviguer seule et sans escale autour du monde.

En septembre 1994, Lisa Clayton tente 2 records : être la 1e femme britannique à naviguer autour du monde en solitaire et sans escale, et être la femme la plus rapide autour du monde.

Elle termine son périple fin juin 1995 après 31 000 milles, 285 jours et 2 chavirements.

En 1997, elle épouse le 11e vicomte Cobham et devient vicomtesse douairière Cobham.

Anita CONTI

Née en 1899 à Ermont, décédée en 1997 à Douarnenez

Première femme océanographe, 1e femme Terre-Neuva

Enfant, Anita Conti embarque régulièrement avec des pêcheurs de Bretagne et Vendée, ce qui lui donne le goût de la mer.

Entre les deux guerres, elle dresse les premières cartes de pêche.

En 1939, elle embarque à bord d'un chalutier en Arctique pendant 3 ans. Elle tire alors des conclusions alarmantes sur la surexploitation des océans, prouvant que la mer n'est pas une ressource inépuisable.

Cette même année, elle devient la première femme militaire sur les navires de La Royale (Marine nationale française).

Puis elle part en Afrique du nord pour améliorer les techniques de conservation et les méthodes de pêche, elle créée des pêcheries en Guinée.

En 1952, elle embarque avec les Terre-Neuva pour la saison de pêche.

En 1960, elle est pionnière en aquaculture.

Anna CORBELLA

Née en 1976 à Barcelone (Espagne)

Fille de marins, elle navigue dès son plus jeune âge.

En 1997 et 2000, elle est championne d'Espagne de 420.

Elle est aussi la 1e femme espagnole à faire un tour du monde par les 3 caps (elle l'a fait en double).

Elle a réalisé également de nombreuses autres courses en double et elle est fière d'ouvrir la voie à d'autres femmes.

En 2009, elle termine 15e de la Mini-Transat. **Elle est la 1e femme espagnole à courir et boucler la Mini-Transat.**

Kay COTTEE

Née en 1954 à Sydney (Australie)

1ᵉ femme à faire le tour du monde en solitaire sans escale et sans assistance depuis le sud

Elle est née dans une famille de plaisanciers. C'est la plus jeune des quatre filles et elle monte sur un bateau à quelques semaines.

Elle devient conférencière, écrivaine, peintre et sculptrice. Elle travaille également dans la construction de bateaux.

A 34 ans, en novembre 1987, elle prend la mer et devient la 1ᵉ femme à faire le tour du monde en solitaire sans escale et sans assistance par le sud en 189 jours.

Elle profite de la notoriété de ce voyage pour amasser plus d'un million de dollars pour aider les défavorisés sous l'égide du révérend Ted Noffs.

Pendant 18 mois, Kay Cottee est allée dans les écoles pour transmettre aux collégiens « qu'on peut réaliser ses rêves si on travaille pour les atteindre ».

En 1988, elle est nommée Australienne de l'année.

En 1989, elle est faite officier de l'Ordre australien.

Elle est aussi la première récipiendiaire australienne de la médaille Cutty Sark, présentée par le Prince Philip.

Elle a été présidente du musée national maritime australien de 1995 à 2001.

Elle est l'auteure de deux livres : « First Lady » (le nom de son bateau), et « All at sea on land » qui parle de sa vie après son périple.

Emma CREIGHTON

Américaine

Les parents de Emma Creighton sont navigateurs mais elle ne commence la compétition qu'à l'université.

Après son diplôme, elle déménage des USA à Saint-Barth, puis à San-Francisco. Elle vient ensuite en France pour préparer la Mini-Transat 2011. Son but est d'être la 1e femme à terminer cette course dans les 20 premiers en proto.

6 femmes seulement sont engagées dans cette transat.

Elle est la 2e femme Américaine à terminer cette course, bien qu'elle ait allé porter secours à un concurrent.

Clarisse CRÉMER

Née en 1989 à Paris

Meilleure performance féminine au Vendée Globe

Clarisse Crémer découvre la voile pendant ses vacances dans la région bretonne.

Elle fait ses études supérieures à HEC où elle devient présidente du club de voile de l'école.

Après son diplôme, elle crée avec son frère un site de voyages aventuriers sur mesure.

Ses palmarès en solitaire :

-2017 : elle remporte la Transgascogne.

-2017 : elle veut se lancer sur la Mini-Transat. Pour financer la course, elle tourne des sketches qu'elle appelle « Clarisse sur l'océan ». Elle termine 2e en série.

-2018 : La Banque populaire cherche un navigateur de moins de 30 ans pour réaliser le Vendée Globe sur l'ancien bateau de François Gabart (vainqueur au

Vendée Globe), renommé Banque Populaire X. Elle partira sur ce Vendée Globe en 2020.

-2019 : Elle devient navigatrice à plein temps et termine 29e sur 47 à la Solitaire du Figaro.

-2020 : Elle est 12e de la Vendée-Arctique-Les Sables.

-2020 : Clarisse termine 12e du Vendée Globe en 87 jours 2 heures et 24 minutes. Elle y poursuit sa médiatisation avec de nombreuses vidéos. Pour ses fans, elle est « Clacla ».

Elle signe la meilleure performance féminine sur cette course.

Elle veut repartir pour le Vendée Globe 2024. Mais, devenue maman, elle n'a pu participer à certaines courses de qualification et a été lâchée par son sponsor, alors qu'elle était sélectionnée d'emblée, ayant bouclé la dernière édition du Vendée Globe. Une médiatisation et une pétition ont alerté sur les conditions des femmes-mères dans ce monde des compétitions de haut niveau en voile, ce qui lui a permis de retrouver un sponsor.

Samantha DAVIES

Née en 1974 à Portsmouth (Angleterre) Britannique, ingénieure

Samantha Davies, appelée Sam, est née dans une famille de marins. Son grand-père commandait des sous-marins.

Elle apprend à marcher sur le bateau de ses parents.

Elle devient ingénieure, diplômée à Cambridge.

Elle commence la compétition à la voile en 1998 en participant au trophée Jules Verne avec une équipe entièrement féminine.

Puis elle participe 3 fois à la Solitaire du Figaro, 3 fois aussi à la transat AG2R Lorient-Saint Barth. Elle bat 2 fois le record de traversée de la Manche et celui du tour des îles britanniques.

Ses palmarès en solitaire :

-2001 : Elle se classe 11e à la Mini-Transat.

-2007 : Elle est 7e à la transat B to B.

-2008 : Elle termine 5e de la Transat anglaise.

-2008-2009 : Elle finit 4ᵉ du Vendée Globe en 95 jours 4 heures 39 minutes.

-2012 : Elle participe à nouveau au Vendée Globe mais doit abandonner suite à un démâtage.

-2018 : Elle prend le départ de la Route du Rhum mais abandonne rapidement suite à une avarie.

-2018 : Elle se classe 2ᵉ de la Bermudes 1000 Race.

-2019 : Encore une Bermudes 1000 Race, où elle termine 4ᵉ.

-2020 : Nouveau Vendée Globe. Elle est sur le bateau « Initiatives-cœur » qui a été équipé de foils. Elle court en même temps que son compagnon Romain Attanasio. Elle doit abandonner suite à une collision avec un OFNI. Elle s'arrête au Cap pour réparer sa quille et repart pour terminer la course hors compétition.

-2022 : Elle termine 28ᵉ de la route du Rhum dans la catégorie Imoca.

Ses engagements :

Elle navigue sur le bateau « Initiatives-cœur » et soutient l'association « Mécénat chirurgie cardiaque » qui permet aux enfants souffrant de graves malformations cardiaques de pouvoir venir se faire opérer en France quand c'est impossible dans leur pays.

Ann DAVISON

Née en 1914, décédée en 1992 Britannique

1e femme à naviguer seule sur l'Atlantique

D'abord aviatrice, Ann Davison se lance dans la navigation.

A 39 ans, elle décide de se lancer seule sur l'Atlantique. Elle est la 1e femme à le faire.

Elle part de Plymouth en mai 1952, passe par la Bretagne, le Portugal, le Maroc, les Canaries, puis traverse l'Atlantique. Elle désire aller à Antigua mais arrive à la Dominique en janvier 1953. Elle rejoint la Floride et New-York.

Elle a écrit plusieurs livres autobiographiques, dont les deux premiers ont servi pour éponger les dettes de l'achat du bateau avec son mari.

Laura DEKKER

Née en 1995 en Nouvelle-Zélande Hollandaise

Plus jeune skippeuse à faire un tour du monde à la voile

Laura Dekker, de nationalité hollandaise, est née en Nouvelle-Zélande pendant un tour du monde de 7 ans de ses parents.

Dès l'âge de 6 ans, elle construit un petit radeau à voile.

Puis elle fait des petits boulots pour gagner assez d'argent pour s'acheter un bateau, ce qu'elle réalise à 11 ans. Et elle navigue seule avec son chien autour de la Hollande pendant 7 semaines.

A 13 ans, elle décide de gagner l'Angleterre à bord de son yacht.

A 14 ans, elle veut partir faire le tour du monde en solitaire. Mais le départ prévu en septembre 2009 est suspendu par mesure de justice par les services de protection de l'enfance.

Elle fait une deuxième tentative le 21 août 2010. Elle part de Gibraltar mais commence finalement son tour du monde à Saint-Martin. Elle le bouclera, avec retour à Saint-Martin, en366 jours (518 jours au départ de Gibraltar).

Laura Dekker est la plus jeune skippeuse à effectuer un tour du monde, mais Jessica Watson reste la plus jeune à l'avoir effectué sans escale par les trois caps.

Laura Dekker dit qu'elle a tout appris de l'océan. Elle est conférencière, auteure et skippeur professionnel de yachts.

Aurelia DITTON

Anglaise
Navigatrice et artiste

Aurelia Ditton a appris à naviguer sur le vieux gréement de ses grands-parents.

Elle a aussi été championne d'échecs et a fait de nombreux voyages pour étudier différents arts. Elle a utilisé la voile comme gagne-pain.

Après avoir participé en 2005 à l'Ostar en solitaire (Plymouth-Newport) sur laquelle elle était la plus jeune participante et a terminé 5e, elle a choisi d'exposer son trimaran de 40 pieds à Londres d'une façon très particulière : Le bateau était gité sur un support métallique, comme soulevé par une vague. La skippeuse y a vécu pendant 27 jours, soit le temps de la course, dans les mêmes conditions de sommeil et de nourriture.

Elle décide de participer à la route du Rhum en 2006. Elle achète un bateau qu'elle baptise « Dangerous when wet » car la première personne a l'avoir accompagnée dessus a glissé et est tombée sur le pont lisse.

Ne pouvant dissocier ses passions d'artiste et de navigatrice, elle a collé partout des panneaux soulignant la dangerosité de l'embarcation tels que « Attention à la marche » ou « Eau non potable ».

Pendant la traversée, elle voulait aussi écrire son journal de bord à même les parois internes du bateau. Son objectif était que, après la course, le bateau soit coupé exactement en deux dans le sens de la longueur et exposé pour une moitié à New-York et pour l'autre partie en exposition itinérante, pour que les gens puissent lire ses émotions solitaires. Le problème était de couper le mât en son milieu de haut en bas.

Violette DORANGE

Née en 2001 à Rochefort

Elle commence la voile à 6 ans.

Rapidement, elle se lance des défis : A l'âge de 15 ans, elle est la 1e femme à réaliser la traversée de la Manche et celle du détroit de Gibraltar en optimist et en course.

Elle participe au championnat du monde junior (World Youth sailling) et remporte la médaille de bronze en 2016 et 2018, la médaille d'argent en 2017.

En 2019, elle s'attaque à la Mini-Transat et termine 16e. **Elle est la plus jeune fille de l'histoire de la Mini-Transat.**

Elle est aussi la plus jeune à courir la Solitaire du Figaro. Elle termine 10e de l'édition 2022.

Elle vise le Vendée Globe 2024.

Elle court pour les enfants en difficulté des Apprentis d'Auteuil. Son but est de porter haut et fort la voix des jeunes en difficulté.

Elle s'est confié au site « Devenir » : Pour elle, « Il faut une bonne dose de volonté pour se lancer dans un projet voile lorsqu'on est une femme ». « Des grandes femmes ont montré la voie et je suis prête à relever le défi ».

Marie DUVIGNAC

Rédacteur territorial

Avant de se lancer en Mini, Marie Duvignac a été 2 fois championne du monde, une fois vice-championne et a obtenu 4 titres européens en catamaran.

En 2009, elle achète son 1er mini et se lance dans la Mini-Transat en 2011. Elle est un peu déçue de terminer 29e. Mais elle a une belle surprise à l'arrivée : Une demande en mariage par son amoureux.

Servane ESCOFFIER

Née en 1981 à Saint-Malo

Fille du navigateur Robert Escoffier, dit Bob

Compagne du navigateur Louis Burton

Servane Escoffier est déjà sur le bateau de ses grands-parents à l'âge de 4 mois. Puis elle navigue sur des bateaux de tradition (vieux gréements).

Elle commence la compétition à 16 ans.

Niveau études, elle obtient un diplôme de l'école supérieure de commerce de La Rochelle.

A la fin de ses études, elle se lance dans la course au large et en fait son métier.

En 2003, elle participe avec son père Bob Escoffier à la transat Jacques Vabre sur un monocoque de 60 pieds et se classe 12e.

Ses palmarès en solitaire :

-2006 : elle signe sa 1e participation à la Route du Rhum et termine 2e en monocoque classe2.

-2010 : Elle termine 7e de la Route du Rhum en Ultime.

Elle participe à de nombreuses courses en équipes.

En 2007, à 26 ans, elle est la 1e jeune skippeuse française à boucler un tour du monde sans escale et sans assistance (lors de la Barcelona world race).

Ses ressentis :

Pour elle, les courses sont « un dépassement de soi », « un défi humain », « repousser ses limites ».

Le fait d'être une femme dans ce milieu ne lui a jamais posé problème. Et, pour elle, il y a de la place pour tout le monde.

Au service de la mer :

Avec Louis Burton, elle a monté son entreprise BE Racing, qui fédère de multiples activités autour de la voile.

Elle appartient aussi au réseau Mer-entreprendre, monté en 2013, avec comme projet la course au large. Grâce à ce réseau, un jeune talent est sélectionné chaque année et accompagné sur ses performances de skipper, la préparation du bateau, la recherche de partenaires.

Le réseau souhaite une sélection féminine en 2023, pour permettre aux femmes d'accéder au monde de la course au large.

Mer-entreprendre rejoint les femmes de Bretagne pour porter le message « Osons, en mer ou en entreprise ».

Servane Escoffier propose également des balades en mer au public et à la journée avec un skipper, en Corse, en Martinique et à Saint-Malo.

Karine FAUCONNIER

Née en 1972 à La Rochelle

Fille du navigateur Yvon Fauconnier, Karine a vécu les premières années de sa vie à bord du bateau Vendredi 13 de son père, transformé ensuite en bateau de croisière.

Après une adolescence parisienne, elle a retrouvé la navigation avec plusieurs traversées de l'Atlantique.

A 24 ans, elle participe à la solitaire du Figaro et réitère pendant 4 ans.

Elle remporte aussi la transat AGRR Lorient-Saint Barth, ainsi que la Québec-Saint-Malo en 2004 et 2016.

Après la naissance de son enfant, elle est pendant 3 ans à la barre du Ladycat, sur le lac Léman, avec un équipage 100% féminin.

Elle gagne la Jacques Vabre en 2007 et repart sur le Figaro en 2010.

Pour elle, sur la mer, on n'est jamais blasé, il y a toujours des choses à apprendre.

Marie-Claude FAUROUX

Née à Carpentras, Marie-Claude Fauroux passait ses vacances à Cannes.

Elle est la sœur de l'architecte naval Jacques Fauroux et de l'architecte Pierre Fauroux.

Elle débute le bateau vers l'âge de 5 ans et devient l'équipière de son frère Jacques.

Elle devient championne du monde de Moth en 1968 et 1970. Au salon nautique de 1971, elle s'intéresse à des bateaux plus gros et se lance dans la course de l'Aurore.

A 26 ans, elle est la 1e femme à traverser l'Atlantique à la voile en solitaire lors de la transat anglaise en 1972.

Maud FONTENOY

Née en 1977 à Meaux

1e femme à traverser l'Atlantique à la rame

1e femme à traverser le Pacifique sud à la rame

Maud Fontenoy commence la voile très jeune sur le bateau familial. Elle fait une formation à l'école de voile des Glénans.

Elle fait aussi des études de droit, travaille comme agent immobilier.

Mais elle est surtout subjuguée par les exploits de Gérard D'Abovillle, le 1er Français à avoir traversé l'Atlantique à la rame. Elle se forme alors à cette discipline.

Sa traversée de l'Atlantique nord à la rame :

Parrainée par Gérard d'Aboville, Maud Fontenoy, à 25 ans, part de Saint-Pierre-et-Miquelon le 13 juin 2003 et rejoint La Corogne (Espagne) le 9 octobre de la même année, soit 117 jours. Après une vingtaine de chavirages, elle a parcouru 3 700 km. Elle est la 1e femme à avoir traversé l'océan Atlantique à la rame d'ouest en est.

Sa traversée du Pacifique sud à la rame :

Forte de sa traversée de l'Atlantique, elle décide d'affronter le Pacifique sud en 2005.

Elle part de Callao, au Pérou, le 12 janvier 2005 pour rallier la Polynésie en suivant le trajet du radeau Kon Tiki qui avait fait cette traversée en 1947. Elle est arrivée aux Îles Marquises après 6 780 km et 72 jours.

Elle est la 1e femme à avoir traversé l'océan Pacifique à la rame.

Son tour de l'hémisphère sud à la voile à contre-courant :

Le 15 octobre 2006, Maud Fontenoy décide de réaliser un parcours à la voile de 14 500 km en solitaire et sans assistance dans les mers du sud et de l'est vers l'ouest, c'est-à-dire à contre-courant. Elle part de la Réunion, passe les caps de Bonne Espérance, Horn et Leeuwin. Elle démâte au large des côtes australiennes mais parvient à réparer Elle arrive à la Réunion le 14 mars au bout de 151 jours.

L'objectif de ce périple est de montrer aux enfants que tout rêve peut être réalisé.

Malheureusement, son record ne sera pas retenu car il ne comporte pas assez de milles pour être considéré comme un tour du monde.

Ses engagements :

-Engagement politique : Elle s'implique dans l'UMP aux côtés de Nicolas Sarkozy. Celui-ci lui propose un poste de secrétaire d'état à la jeunesse et aux sports.

-Engagement écologique :

Elle crée sa fondation.

Depuis 2008, elle s'engage dans le monde pour préserver les océans. Sa phrase : « Sauver l'océan, c'est sauver l'homme ».

En 2009, elle est la porte-parole pour les océans pour l'organisation des Nations Unies.

De 2008 à 2014, elle est vice-présidente du conservatoire du littoral.

2019 : Elle est nommée ambassadrice des classes de mer auprès du ministère de l'éducation nationale et de la jeunesse par le ministre de l'éducation nationale.

2015 à 2021 : Elle est vice-présidente du conseil régional Provence-Alpes-Côte d'Azur.

Elle a rédigé plusieurs ouvrages sur l'écologie.

Elle a animé des émissions radio et télévisées sur la mer et l'environnement.

Marie GENDRON

Elle navigue avec sa famille dès l'âge de 9 ans.

Elle effectue plusieurs expéditions dans les Caraïbes et dans l'océan Indien en habitable.

Elle devient monitrice de voile.

En 2012, à l'âge de 19 ans, elle débute la construction d'un Mini dans le cadre de ses études.

Son palmarès en solitaire :

-2018 : Elle participe aux 1000 milles et à la course Les Sables-Açores-Les Sables.

-2019 : Elle termine 4ᵉ de la Transgascogne et 10ᵉ de la Mini-Transat.

Susie GOODALL

Née en 1989
Britannique

Susie Goodall a commencé la voile à l'âge de 3 ans. Enfant, elle passe ses vacances à naviguer et fait des compétitions le week-end.

Elle fait partie de l'équipe d'un bateau école d'expédition de 60 pieds qui navigue entre l'Islande, la Scandinavie et les Canaries.

Elle choisit de devenir monitrice de voile et débute sur l'île de Wight.

Elle travaille aussi quelques temps dans l'industrie des navires de plaisance.

Depuis 2017, elle réalise une double traversée en solitaire de l'Atlantique.

Elle a participé au Golden Globe Race en 2018.

Anne-Gaël GOURDIN

Née en 1985
Ingénieur calcul Airbus

Anne-Gaël Gourdin est originaire de Tours.

Elle n'a commencé la voile qu'à l'âge de 28 ans, envoûtée par la participation de Samantha Davies au

Vendée Globe 2008. Elle aime repousser ses limites, relever des défis. Par le passé, elle a fait la Transjurassienne en ski de fond, ainsi que l'Iron man d'Embrun où elle a fini à la 6e place chez les femmes (1e en non professionnelle).

Le défi est assez ambitieux pour stimuler son esprit de compétition. La mini transat est pour elle l'une des grandes courses au large les plus accessibles.

Ses courses en solitaire

-Mini transat 2021. Elle termine à la 52e place de la 2e étape en série.

-2022 : trophée Marie-Agnès Péron.

Ce qu'elle aime

« Les dauphins, un bateau qui surfe tout seul ».

« En mer, on redevient des animaux : manger, dormir, le besoin de sécurité, le reste est du plus ».

Son meilleur souvenir

Une croisière en solitaire juste après le confinement. « Il n'y avait pas grand monde sur l'eau, c'était le kiff ».

Ses craintes

La gestion de l'effort sur le long terme.

Le réglage du pilote automatique sous le vent.

Son objet fétiche

Une peluche aux couleurs du bateau

Irina GRACHEVA

Russe née en 1984

Certification des équipements industriels

Championne de France en classe Mini en 2020

Irina découvre la voile à l'âge de 12 ans sur un optimist. Puis elle navigue en équipage en Finlande.

Attirée par le Mini, elle participe à la Mini transat 2019. Obligée d'abandonner après un démâtage au milieu de l'Atlantique, elle a voulu prendre sa revanche lors de la Mini transat 2021. Et elle a réussi son pari en terminant à la 4e place, mais surtout 1e femme du classement.

Elle est aussi devenue championne de France en classe Mini en 2020.

Pour continuer la voile, elle déménage définitivement en France.

Mais elle est interdite de compétition par la fédération française à cause de la guerre en Ukraine, comme les autres athlètes russes. Elle qui voulait se préparer pour le Vendée Globe 2028, se retrouve sans sponsor.

Pour rester en attendant dans le monde de la voile, elle travaille dans une entreprise de peinture de voiles, participe au projet Vendée Globe d'un skipper et est bénévole dans des courses.

Ses courses en solitaire

-Mini Transat 2019 (abandon)

-Mini Transat 2021 : 1e femme au classement

Son avis sur les hommes dans les courses au large

« J'essaie de ne pas accorder trop d'importance à la distinction hommes-femmes. Je pense qu'on est tous égaux. Je suis très heureuse de me bagarrer avec des hommes dans les courses » (Interview Ouest-France).

Une grosse galère

Un mal de mer tenace pendant 5 jours lors de la Mini Transat 2021.

Amélie GRASSI

Née en 1994

Etudes de juriste, navigatrice professionnelle

Amélie Grassi est née à La Rochelle de parents navigateurs. Sa mère, Sandrine Bertho, a fait la Mini Transat en 2009. Son père a participé à la transat Jacques Vabre en 2007, à la transat Québec-Saint-Malo en 2008 et à la course du Rhum en 2010. Amélie a donc baigné dès ses premiers mois dans la navigation.

Enfant, en complément de la danse classique, elle est inscrite au club local de voile. Mais elle n'apprécie pas : « C'est froid, ça mouille, c'est nul ».

En 2008, elle suit sa mère en Bretagne où elle découvre la régate, notamment en catamaran. Dès lors passionnée, elle intègre les sports études. Même pendant ses études de droit, elle fait de la régate à haut niveau.

En 2015, elle part à Paris pour ses études et se retrouve face à un dilemme : passer sa thèse ou faire la Mini Transat. Elle choisit la deuxième option. C'était son rêve à 22 ans, elle n'avait pas d'attache, c'était le moment, d'autant plus qu'elle est partie de sa ville natale. Elle en a apprécié tous les moments, même les plus durs. C'est à ce moment qu'elle a su qu'elle arrêtait le droit.

Sa rencontre avec Loïc Peyron la conforte dans son envie de devenir navigatrice professionnelle.

Elle est remarquée par le directeur général de La Boulangère, partenaire de la Mini Transat, qui veut prouver que la voile est un sport qui met à égalité les femmes et les hommes. Il lui propose un projet Classe 40.

Elle s'est engagée dans l'association Action enfance.

Son palmarès en solitaire :

-Mini Transat en 2019. Termine en 8e position.

-2022 : 1000 milles des Sables.

-2022 : Route du Rhum : abandonne suite à un démâtage.

Une grosse galère

Lors de la Mini transat, elle est obligée de rentrer au port pour réparer. Elle repart 14 heures après le reste de la flotte en 61e position. Certaine de ne pas gagner, elle fait sa course tranquillement, double les autres concurrents et termine 8ᵉ.

Jeanne GRÉGOIRE

Née en 1976 à Paris

Jeanne Grégoire découvre le cheval et la voile alors qu'elle est enfant.

A 18 ans, elle arrête ses études pour se consacrer à la voile.

Ses palmarès en solitaire :

-2001 : Elle termine 8ᵉ de la Mini-Transat et 4ᵉ de la Transgascogne.

-2002 à 2008 : Elle participe à la Solitaire du Figaro.

-2007 : Elle fait le trophée BPE.

En 2014, elle décide d'arrêter sa carrière sportive.

Elle devient dirigeante du pôle Finistère.

Birgitt HAPELT

Allemande

Birgitt Hapelt ne découvre la voile qu'à l'âge de 48 ans, en 2015, alors qu'elle est en Guadeloupe. Elle travaille comme hôtesse sur des voiliers. Elle écume ensuite les mers du monde.

Elle part avec son fils en Polynésie où celui-ci s'installe.

Elle tente de passer le cap Horn mais son bateau chavire.

Elle s'arrête 4 ans en Espagne.

A 69 ans, elle décide de larguer les amarres seule pour aller rejoindre son fils à l'autre bout de la terre, à Moorea, à 20 000 kilomètres, pour l'anniversaire de celui-ci. Elle part de Roscoff en 2015 sur un bateau en bois de 6,40 mètres de 1967. Elle n'a pas de pilote automatique. Elle fête ses 70 ans au milieu de l'Atlantique. Mais, aux alentours de la Martinique, on la retrouve déshydratée, sous-alimentée, désorientée. Elle se soigne et achète un pilote automatique.

Elle arrive en Polynésie après 133 jours de navigation. Son fils a fait la dernière partie du trajet avec elle.

Elle est décédée dans son bateau, comme elle le souhaitait.

Pip HARE

Britannique, née en 1974.

Pip Hare a commencé la voile à 16 ans.

Elle en est devenue monitrice. Elle a aussi écrit dans le magazine britannique Yachting World.

En 2013, elle a écrit et présenté une série You Tube pour le Yachting World.

Elle a été skippeuse professionnelle pendant 15 ans.

Elle a décidé de se lancer dans la course en solitaire à 35 ans.

Ses palmarès en solitaire :

-2011 : elle est 17e à la Mini-Transat.

-2013 : elle est 16e à la Mini-Transat.

-2018 : Elle se lance sur le Vendée Globe sur *Medallia*. Son but est de battre le record féminin d'Ellen MacArthur. Elle n'y parviendra pas mais termine 19e en 95 jours 11 heures et 37 minutes.

-2022 : Elle termine 17ᵉ de la Bermudes 1000 Race sur 24 participants.

-2022 : Elle participe à la Vendée Arctique (2 femmes sur 22 skippers). La course est arrêtée pour des questions de sécurité.

-2022 : Elle termine 12 e de la catégorie Imoca de la Route du Rhum.

Virginie HERIOT

Championne olympique

« Madame de la Mer »

Née en 1890, morte en 1932

Virginie Hériot née en Yvelines, est la fille d'Olympe Hériot, propriétaire des grands magasins du Louvre. Elle réalise sa première croisière en 1904 sur le yacht de sa mère, avec son frère et des amis de la famille.

Sa rencontre avec Pierre Loti (écrivain et officier de marine française) est déterminante pour devenir navigatrice.

A 19 ans, elle a déjà parcouru 40 000 miles.

Elle épouse en 1910 le vicomte François Marie Haincque de Saint Senoch, passionné également par la mer. Deux ans après, elle fait construire son premier yacht de course, l'Ailée 1.

Après sa séparation d'avec son mari en 1921, elle se consacre uniquement à la navigation, passant 10 mois par an sur son bateau. Elle se fait construire un bateau de 85 mètres qu'elle remplace ensuite par un de 45 mètres, toujours appelé l'Ailée.

Elle fait construire des bateaux de compétition, participe à une centaine de régates par an, remporte plus de 50 premiers prix. Elle devient l'ambassadrice de la marine française, fait la promotion de ce sport et reçoit le surnom de « Madame de la Mer ».

En 1928, elle remporte la médaille d'or en voile aux jeux olympiques d'Amsterdam. L'année suivante, elle remporte la coupe de France.

Elle est faite chevalier de la légion d'honneur. Elle est aussi décorée du mérite naval espagnol.

Elle fait des conférences à travers le monde, promeut le yachting français. Elle offre même de yachts aux élèves de l'école navale dont elle devient la marraine.

Elle écrit aussi des livres, tous consacrés à la mer. Le plus connu s'intitule « Services à la mer ». Elle est également distinguée par l'académie française pour son poème « Une âme à la mer ».

En 1932, elle est blessée lors d'une tempête mais continue pourtant les compétitions. En août de la même année, elle est victime d'une syncope et décède.

Elle voulait que son corps soit jeté à la mer. C'est son fils qui accède à ses dernières volontés en immergeant son cercueil au large de Brest.

Suzanne HUBER-CURPHEY

1e femme à avoir franchi le passage du nord-ouest en solitaire en 2017

Elle a commencé la navigation sur une coque en aluminium nue et en a construit l'intérieur pendant deux ans et demi. Elle a fait un aménagement aussi simple que possible pour assurer un faible entretien. Le bateau s'appelait Nehaj, qui signifie Sentez-vous en sécurité.

En 2018, elle veut suivre l'exemple de Bernard Moitessier et passer le cap de Bonne Espérance une deuxième fois après avoir contourné la Cap Horn vers la Tasmanie sans escale lors de la longue route.

Elle apprécie juste sa propre compagnie, ce mode de vie et de prendre soin de ses propres problèmes.

Elle a reçu le prix OCC Seamanship Award en 2020 pour ce tour du monde en solo par le British Ocean Cruising Club.

Naomi JAMES

Née en 1949 en Nouvelle Zélande

D'abord coiffeuse, Naomi James n'apprend à nager qu'à l'âge de 23 ans et découvre le bateau quand elle monte sur un bateau à passagers à destination de l'Europe.

En 1975, à Saint-Malo, elle apprend la navigation grâce au skipper Rob James, qui deviendra son mari.

Alors qu'elle n'avait que 6 semaines de pratique de la voile, elle prend la décision de naviguer seule et sans escale autour du monde. Elle part en 1978 sur son bateau Express Crusader.

Elle devient la 2e femme à faire le tour du monde en solitaire sans escale, se faisant battre de justesse par la Polonaise Krystyna Chjnowska-Liskiewicz. Mais elle est la 1e à passer par le Cap Horn. Elle termine son tour du monde en 272 jours.

Elle est nommée navigatrice de l'année en 1978 en Nouvelle-Zélande et faite Dame commandeur de l'ordre de l'Empire Britannique en 1979.

Elle est la 1e femme à battre le record de vitesse féminin de la traversée de l'Atlantique en solitaire en 25 jours et 19 heures.

Elle arrête la course en 1983, suite à un gros mal de mer à cause de sa grossesse, et suite à la noyade de son mari.

Isabelle JOSCHKE

Née en 1977 à Munich

Isabelle Joschke, née d'un père allemand et d'une mère française, passe sa jeunesse entre Genève et la région parisienne.

Elle découvre la voile pendant ses vacances sur les lacs autrichiens à bord d'un optimist à l'âge de 5 ans.

A 20 ans, elle réalise un stage de voile aux Glénans.

Alors qu'elle étudie les lettres à la Sorbonne, elle fait un convoyage sur un voilier vers le Brésil. C'est la révélation. Après sa maîtrise, elle passe ses diplômes de skipper et éducateur sportif.

Ses palmarès en solitaire :

-2005 : Elle se lance dans la Mini-Transat. Lors de la 1e étape, elle a une avarie du pilote automatique et doit barrer 22 heures sur 24. Elle termine quand même 14e (3e en proto).

-2007 : Elle finit 21 e de la Mini-Transat (3e en proto).

-2008 : Elle s'attaque à la Solitaire du Figaro et se classe 30e (3e bizuth).

-2014 : Nouvelle Solitaire du Figaro : elle termine 16e.

-2015 : Elle finit 17e de la Solitaire du Figaro.

-2018 : Elle participe à la Route du Rhum mais est victime d'un démâtage et doit abandonner.

-2020 : Elle court le Vendée Globe. Elle est contrainte à l'abandon suite à une avarie de quille.

-2022 : Elle termine 5e de la Guyader Bermudes 1000 Race en 6 jours.

-2022 : Elle participe à la Vendée Arctique. Mais la course est arrêtée pour cause de sécurité (2 femmes sur 22 participants).

-2022 : Elle termine 20e (9e de la catégorie Imoca) de la route du Rhum.

Ses engagements :

Elle a créé l'association « Horizon mixité » en 2012, qui milite pour l'égalité homme-femme, tant dans le monde de la voile que dans tous les domaines.

Anne-Claire LE BERRE

Née en 1982   Ingénieure navale

Bretonne, Anne-Claire Le Berre est tombée toute jeune dans la marmite de la voile en accompagnant ses frères qui la pratiquaient.

Elle a commencé l'optimist à l'âge de 7 ans, et la compétition un an plus tard.

Passionnée par son sport, elle devient athlète de haut niveau dans l'équipe de France de voile olympique de 1999 à 2012. Elle est vice-championne du monde de match racing. Elle participe à 3 préparations olympiques entre 2001 et 2012. Elle passe tout près de la qualification des jeux olympiques de Pékin (Une seule personne est qualifiée en France). Mais le Match Race est maintenant supprimé des J.O. Anne-Claire arrête alors sa carrière olympique. Elle se consacre à sa famille. Grâce à son diplôme d'ingénieur naval, elle intègre l'équipe de Samantha Davies et découvre ainsi la course au large.

Elle a aussi un projet sportif pour elle, compatible avec son rôle de maman de 2 petits garçons et son travail.

C'est pourquoi elle choisit le Mini dans un premier temps. Mais elle reste ouverte à de plus grandes courses.

Ses courses en solitaire

Mini transat 2021 : Elle termine 8e de la 2e étape.

« J'ai peu d'appréhension. Je reste prudente. En cas de problème, on cherche une solution. Et une fois en mer, c'est la compétition. Je me ménage et j'écoute mon corps. J'ai appris la gestion du sommeil, la stratégie en mer et j'ai découvert l'électronique ».

Son meilleur souvenir

« Il est à venir »

Son porte-bonheur

Deux peluches, données par chacun de ses enfants.

Marine LEGENDRE

Née en 1989

Consultante en finance et système d'information

Marine Legendre est Parisienne. Mais avec un grand-père Toulonnais capitaine de vaisseau de La Royale et des vacances en Bretagne, la mer est attirante.

Elle débute le bateau vers 12 ans et pratique l'habitable familiale vers l'âge de 18 ans avec son père et son grand-père. Elle régate aussi avec ses amis deux fois par an.

Elle est soutenue par sa famille, notamment son ami qui travaille à Paris, et son entreprise qui est son principal partenaire.

Son palmarès en solitaire

Mini transat 2021 : Elle termine 9e en série à la 2e étape.

« J'aime être seule avec moi-même, ne compter que sur moi dans les bons et les mauvais moments. C'est un dépassement de soi.

Je veux affronter les éléments en les utilisant à bon escient. Traverser l'océan juste avec le vent est grisant.

Ses appréhensions

-Entrer en collision avec un OFNI (objet flottant non identifié).

-Une panne pilote.

Marine a fait une formation en électronique et a presque tout en double sur son bateau pour réparer.

Son meilleur moment

-La découverte et la richesse de la solitude. Elle pleure de joie à chaque course.

-Les arrivées des courses et regarder tout ce qu'elle a parcouru.

Ses galères

Elle a rencontré de nombreux problèmes de pilote lors de ses premières courses. Une fois, elle a dû faire demi-tour pour réparer le pilote. Elle est repartie seule avec un vent tombé et des courants inversés. Elle est restée 7 heures à l'ancre sous le pont de l'île de Ré pour attendre une météo plus favorable alors qu'elle était partie avec 5 heures de retard sur ses concurrents. Elle s'est donc retrouvée seule en mer pendant 48 heures, sans autre bateau de la course en vue.

Son objet fétiche

Un bracelet fabriqué par son compagnon et bien sûr une photo de celui-ci.

Karen LEIBOVICI

Née en 1971

Les parents de Karen Leibovici naviguaient et l'ont emmenée enfant sur l'eau en Bretagne.

Ils l'ont inscrite à 13 ans à un stage de voile aux Glénans. Elle n'était pas motivée mais, finalement, ne voulait pas en repartir.

Ses palmarès en solitaire :

-1999 : Elle participe à la Mini-Transat mais doit abandonner.

-2001 : Elle termine 9e en proto de la Mini-Transat.

-2004 : Elle finit 9e de la Transat anglaise.

-2005 : Elle se lance dans le Vendée Globe sur *Benefic*. Elle tombe à l'eau dans l'Atlantique. Et une fuite de gazole peu après le départ la prive d'une grande partie de ses instruments électroniques. Quand elle passe la ligne d'arrivée, il lui reste un litre de carburant et elle n'a plus d'eau depuis 24 heures. Elle termine 13e sur 20 skippers engagés (Mais 13 seulement à l'arrivée). Elle est la 4e femme à avoir bouclé cette course.

-2006 : Elle termine 21e sur Les Sables-Les Açores-Les Sables.

Suite à sa course du Vendée Globe, elle a été invitée par son fan Christian Clavier sur le plateau de Champs Elysées de Michel Drucker.

Elle a aussi reçu la médaille d'honneur du Mérite Maritime pour son engagement sur la protection de l'environnement.

Marie-Amélie

LENAERTS

Belge

coach nautique, chroniqueuse radio

1e Belge à traverser l'Atlantique en solitaire dans le cadre d'une compétition de voile.

Marie-Amélie Lenaerts, monitrice de voile l'été, a commence l'habitable à 23 ans. Elle est aussi skipper bénévole pour faire découvrir la voile.

A 30 ans, elle a l'opportunité d'être dans un zodiac d'accompagnement au départ de la Mini transat 2017. Pensant qu'il faut être fou pour traverser l'Atlantique dans de si petits bateaux, elle se rend compte qu'elle a autant de compétences que les femmes qui y participent. Elle a un déclic, quitte son travail dans le développement durable et intègre l'équipe qualificative aux JO 2024. Elle anime en même temps une chronique sur le Vendée Globe 2020.

Inspirée par les femmes, elle s'engage dans la course au large. Pour elle, c'est un milieu très masculin et compétitif où on ne montre pas ses émotions, où on doit agir comme un mec. Elle déplore que, dans les courses en équipes, une femme soit rarement à la barre. Pour elle, une course au large est pensée pour et par les hommes. Elle voudrait changer le regard car hommes et femmes sont égaux face aux éléments.

Son palmarès en solitaire

-Mini transat 2019 à l'âge de 35 ans. **Elle est la 1ᵉ Belge à avoir traversé l'Atlantique lors d'une course.**

Pour féminiser ces courses et permettre aux femmes d'augmenter leurs compétences, elle souhaiterait des quotas.

Anne LIARDET

Née en 1961 à Bourges

Anne Liardet arrive à Brest à l'âge de 1 an. Son père participe à des régates et a dessiné son bateau. Mais la jeune fille s'intéresse d'abord à la pêche. Elle commence la navigation vers 15 ans, puis travaille dans le milieu de la course au large, le chantier naval, la voilerie.

Elle est la compagne de Jo Le Guen, qui a fait plusieurs traversées océaniques à la rame.

Son palmarès en solitaire :

-1985 : Elle termine 10ᵉ de la mini-transat. **Elle est la 1ᵉ femme à participer à cette course.**

-1986 : Elle est 24ᵉ à la solitaire du Figaro.

-2004 : Elle arrive 12ᵉ à The Transat.

-2005 : Elle termine 11ᵉ du Vendée Globe.

-2006 : Elle est 8ᵉ à la Route du Rhum.

Ses engagements :

Après un cancer, la navigatrice veut reprendre la barre. Son projet est de refaire la Mini-Transat en 2023 sur un bateau Cancer@work pour soutenir les malades du cancer.

Ellen MACARTHUR

Née en 1976
Britannique

Ellen MacArthur a découvert la voile à l'âge de 4 ans grâce à sa tante. A 17 ans, elle décide de se lancer comme navigatrice.

Sur ses bateaux, on peut lire sa devise « A donf ».

Son palmarès en solitaire :

-1997 : Elle participe à la Mini-transat au départ de Brest. Elle en est la seule femme et la plus jeune concurrente.

-1998 : Elle termine 16e de la Route du Rhum (1e en catégorie des 50 pieds).

-2001 : Elle participe au Vendée Globe et termine 2e.

-2002 : Elle termine 1e de la Route du Rhum en 60 pieds.

2005 : Elle bat le record du tour du monde à la voile en solitaire sur un trimaran de 75 pieds en 71 jours 14 heures et 18 minutes.

Ses récompenses :

En 1998, elle est nommée « marin de l'année » par la Royal Yachting Association après un 1er grand voyage en solitaire.

En 2005, elle est anoblie par la reine Elisabeth II, puis décorée de la légion d'honneur en 2008 par Nicolas Sarkozy.

Ses engagements :

En 2003, elle crée l'association Ellen MacArthur Cancer Trust, pour faire naviguer les enfants malades.

En 2010, ayant constaté lors de ses périples que la survie ne dépend que des seules ressources à bord, elle crée la fondation Ellen MacArthur, pour inciter le public et les entreprises à construire un avenir durable avec un concept d'économie circulaire.

Cette même année, elle met un terme à sa carrière sportive.

Un astéroïde porte son nom.

Miranda MERRON

Née en 1969 en Angleterre

Miranda Merron est initiée très tôt à la voile par sa famille. A 9 ans, elle traverse l'Atlantique avec son père.

Puis elle étudie la publicité à l'université de Cambridge et en fait sa profession.

Au bout d'une dizaine d'année, elle choisit de revenir à la navigation et en fait son métier.

Elle est la compagne du navigateur Halvard Mabire.

Ses courses en solitaire :

-2002 : Elle est 8e de la Route du Rhum.

-2018 : Elle termine 13e de la Route du Rhum.

-2019 : Elle finit 13e de la Bermudes 1000 Race.

2020 : Elle est 17ᵉ de la Vendée Arctique.

2021 : Elle termine 22ᵉ du Vendée Globe 2020-2021, sur laquelle elle est partie avec un vieux bateau et sans budget.

<u>Son meilleur souvenir :</u>

Le passage du Cap Horn.

Justine METTRAUX

Née en 1986 à Genève

Enseignante

Justine a réalisé ses premières expériences en voile sur le lac Léman sur le bateau de ses parents.

Adolescente, elle pratique la navigation en Bretagne ou dans la région d'Hyères lors de camps de vacances. Passionnée, elle s'inscrit au centre d'entrainement de la régate à Genève.

Dès la fin de ses études d'enseignante en école primaire, elle navigue en D35 avec Ladycat.

Elle s'installe en Bretagne, est sélectionnée pour l'équipage féminin de la Volvo Race en 2012.

Forte de son expérience, elle se lance dans la mini transat en 2013 et termine sur la 2e marche du podium en série.

Elle alterne ensuite le solo et l'équipage et rejoint l'équipe de 11th How Racing.

Son palmarès en solitaire

-Mini Transat en 2013. Termine 2e en série.

-2022 : Elle termine 18e de la route du Rhum (7e en catégorie Imoca) sur 138 participants dont 7 femmes.

Ce qu'elle aime

-Le projet féminin de SCA sur la Volvo Race a redonné de l'importance aux femmes. Des règles ont été instaurées, les choses bougent. Les femmes doivent avoir des expériences sur ces circuits.

-« Sur des bateaux comme les Imoca, il faut avoir envie de se faire mal pour progresser ».

Sophie MONIER

Née en 1977

Travaille dans le conseil

Sophie Monier a vécu près de Grenoble où elle a pratiqué le dériveur sur lac vers l'âge de 10 ans. Elle a déjà couru en équipage sur des plus gros bateaux, comme une course en classe 40 à quatre. C'est cette expérience qui a été le déclencheur de l'idée de cette transat en Mini.

Avec sa première course en Mini, elle a envie d'apprendre davantage, de toucher à toutes les compétences.

Et surtout elle court sous les couleurs de Gustave Roussy, grand centre de lutte contre le cancer.

Son palmarès en solitaire

        Mini transat 2021

Ses appréhensions

« Je ne sais pas si je serai à l'aise si le vent n'est pas portant. Le but est d'aller au bout. C'est un dépassement de soi. C'est un projet un peu fou, on ne maîtrise pas grand-chose. Ma famille est montagnarde et, d'après eux, on maîtrise mieux quand on a les pieds sur terre ».

Ses galères

-Un gros coup de fatigue avec des hallucinations, ce qui lui a appris à mieux manger et dormir.

-Après deux mois seule sur son bateau lors de la Mini Transat, Sophie a eu un peu de mal à retrouver la civilisation.

Son porte-bonheur

Un animal rapporté de Guadeloupe et des petits pingouins magnétiques.

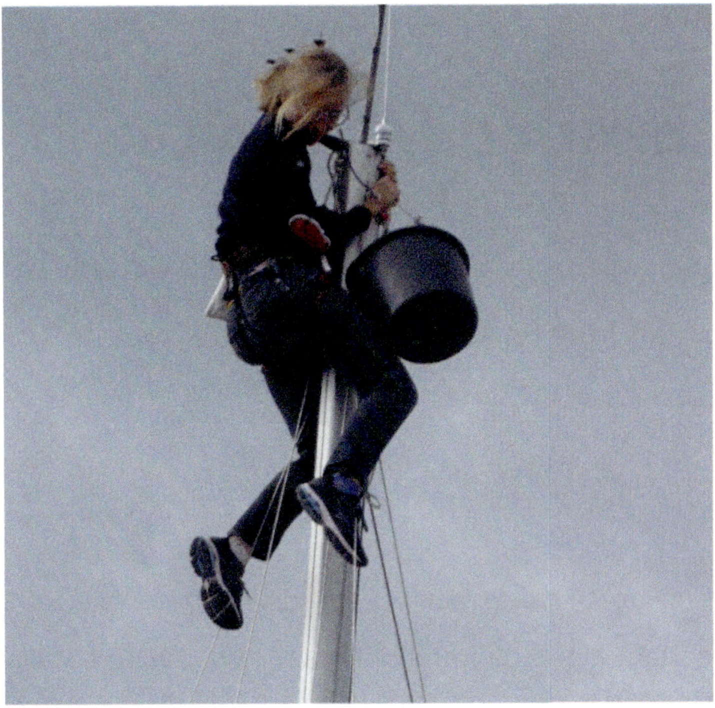

Christine MONLOUIS

1e Guadeloupéenne et femme noire à traverser l'Atlantique en solitaire

D'origine guadeloupéenne, Christine Monlouis est pourtant née et a grandi à Paris. Elle découvre l'océan en Bretagne en classe de mer. Puis elle navigue avec des amis. Quand elle rentre à La Désirade, elle se lance vraiment dans la voile, en complément de son métier de fonctionnaire de contrôleur dans les affaires maritimes à Pointe-à-Pitre. Le comité guadeloupéen de voile traditionnelle lui propose de participer à la Route du Rhum en 2010. Pour elle, à 48 ans, c'est l'occasion de représenter son île, mais aussi de faire entrer plus de femmes dans le monde de la course au large. Elle est encouragée par le ministère de la mer et du développement durable.

Elle est donc la première femme guadeloupéenne à traverser l'Atlantique en solitaire.

Malheureusement elle ne terminera pas la course, victime d'un démâtage à cause d'une collision avec un bateau de pêche.

Kirsten NEUSCHÄFER

1e femme à avoir gagné un tour du monde en solitaire en course

Née en 1982 en Afrique du Sud.

Kirsten Neuschäfer a commencé le dériveur dès son enfance. Elle devient professionnelle de la voile en 2006.

Elle effectue des transferts et livraisons de voiliers par la mer. Elle déplace des bateaux abandonnés de l'Océan Indien jusqu'à Londres.

Sa plus longue navigation en solitaire est une livraison depuis le Portugal jusqu'en Afrique du Sud sur un vieux Sloop.

En 2015, elle commence à travailler pour des expéditions en Géorgie, Patagonie, et Antarctique. Elle accompagne des équipages de tournage en Antarctique.

Elle participe à la série « Wild life resurrection Island with Bertie Gregory » sur les écosystèmes.

Elle aime aussi d'autres aventures en solitaire. Elle a notamment effectué une traversée à vélo de 15 000 km pendant un an d'Europe en Afrique du Sud à l'âge de 22 ans.

Elle est la seule femme à participer au Golden Globe Race 2022 et gagne la course en 235 jours et 5 heures.

Elle devient la 1ᵉ femme à gagner un tour du monde en solitaire en course.

Pour cette longue épreuve sur son voilier de 11 mètres Minnehaha, qui signifie l'eau qui rit, elle emporte une centaine de bocaux en verre de plats gourmands d'un grand restaurateur. Bocaux qu'elle rapporte vides, intacts, avec les joints, nettoyés à l'eau de mer, et qui resserviront à un autre navigateur pour un autre tour du monde en solitaire.

Privée de radio et de téléphone, comme le stipule le règlement de la course, elle ignore presque jusqu'au bout qu'elle est en tête, bien qu'ayant secouru un concurrent finlandais naufragé au large de l'Afrique du sud.

A son arrivée, elle refuse de dormir à l'hôtel. « Mon bateau c'est chez moi », a-t-elle annoncé.

Pour elle, cette course « est l'expérience d'une vie, un moment que je n'oublierai jamais ». Elle s'était inscrite pour gagner, non pas en tant que femme, mais pour être à égalité avec tous les skippers.

Après autant de mois en mer, elle souhaite maintenant faire de longues randonnées avec son chien.

Brigitte OUDRY

1ᵉ Française à franchir les 3 caps en solitaire en 1978

Née à Paris d'une famille auvergnate, Brigitte Oudry découvre la mer alors qu'elle est en pension en Loire-Atlantique.

Elle rêve de devenir marin pour partir sur les grands navires. Mais, dans les années 1960-1970, le recrutement reste essentiellement masculin.

Elle devient mannequin et maman. Puis elle trouve un poste d'équipière hôtesse cuisinière sur un catamaran charter. Mais elle veut savourer la navigation en évitant « les casse-pieds ». Elle part du Cap d'Agde en janvier 1977 avec le strict minimum à bord de Chassiron, son bateau de 10,45 mètres. Elle choisit sa route, passant par Sainte-Hélène, Le Cap, la Réunion, la Polynésie et les Malouines. Elle est éjectée par une vague dans l'océan Indien.

Elle qui pensait que seule la solitude l'épanouirait, ne supporte pas celle-ci. Elle revient à La Rochelle en août 1978.

A 24 ans, elle est la 2ᵉ femme, mais 1ᵉ Française, à faire le tour du monde par les 3 caps en solitaire, la 1ᵉ étant la Néo-Zélandaise Naomi James 2 mois plus tôt avec un bateau plus rapide.

Après une participation à la course de l'Aurore en 1979, elle tourne la page, arrête la voile et part s'installer à la campagne, loin de la mer.

Pilar PASANAU

Née en 1967

Travaille dans la marine marchande

Pilar Pasanau est Espagnole, originaire de Barcelone.

Elle commence le windsurf à 14 ans. Puis elle se lance dans la course en solitaire. En 2009, elle devient championne d'Espagne de course au large en solitaire.

Elle intègre le circuit des Mini dès 2006.

La mer est l'endroit où elle se sent le mieux au monde et elle en fait son métier. Elle travaille dans la marine marchande, sur un remorqueur dédié au secours en mer.

Pilar se verrait bien faire un tour du monde en solitaire.

Son palmarès en solitaire

-Championnat d'Espagne de course au large en 2009 (termine à la 1e place)

-Mini transat en 2013, 2015, 2017, 2021

« Les courses me connectent à moi-même. En mer, tout est plaisir. Si on dort et mange bien, la course va bien. On termine avec le sentiment du travail bien fait.

Tout est dans la tête et dans le cœur. Mon parrain est parfois inquiet pour moi mais c'est ma vie. Mes amis me disent que je suis une âme de la mer ».

Ses craintes

Ne pas arriver.

Son meilleur souvenir

Les arrivées des courses et voir tout ce qui a été fait pour y parvenir.

Marie-Agnès PÉRON

Née à Calais

Institutrice

Marie-Agnès Péron est tellement passionnée de voile qu'elle emmène ses élèves de Mégève jusqu'à Brest pour un stage de voile.

Elle a fait ses débuts en Mini en 1987.

Elle réalise sa 1e Mini-Transat en 1989.

Lors de sa 2e Mini-Transat en 1991, elle disparait en mer dans le golfe de Gascogne.

Juliette PÊTRÈS

Née en 1982

Vétérinaire

Originaire de Tours, Juliette Pêtrès recueillait des animaux. Elle a commencé la voile par hasard, en s'inscrivant à un stage de voile à l'âge de 26 ans, pour se changer les idées. C'est en même temps une découverte et un véritable coup de foudre. Elle s'offre une traversée vers la Corse, entourée d'espadons et de dauphins. Pour elle, être en mer est à la fois attirant et effrayant.

Elle déménage en Bretagne. Par manque d'argent, elle navigue comme elle peut, ce qui ne lui laisse pas que des bons souvenirs. Elle veut piloter seule, cherche des sponsors et s'inscrit à la Route du Rhum. Elle combat le froid, la peur, le stress tout en ressentant de l'exaltation, confie-t-elle au Télégramme. Elle subit de la casse mais répare. Elle termine 19e sur 40.

Son palmarès en solitaire

Route du Rhum en 2014

Ce qu'elle aime

Se voir progresser.

Relativiser après avoir eu peur.

Izabel PIMENTEL

Née en 1966　　　　　　　　　　Brésilienne

Première femme sud-américaine à faire le tour du monde en solitaire

Fille de soldat, Izabel Pimentel est devenue analyste de système au Brésil puis au Portugal.

A l'âge de 40 ans, elle décide de se consacrer à son rêve de navigation et traverse seule l'Atlantique du Portugal au Brésil en 42 jours. Elle devient la 1e femme sud-américaine à traverser l'Atlantique.

Elle traverse 8 fois l'Atlantique en solitaire, écrit des livres.

En 2009, elle s'inscrit à la Mini-transat.

En 2014, elle décide de faire un tour du monde en solitaire et sans escale en passant par les 3 caps, devenant ainsi la première femme sud-américaine à effectuer ce genre d'exploit.

En 11 ans, elle a parcouru plus de 70 000 milles en solitaire.

Cécile POUJOL

Brevet d'éducateur sportif, entrepreneur
La Ciotat

Fille d'agriculteurs, Cécile Poujol a attrapé le virus de la mer lorsqu'elle était petite et qu'elle passait ses étés sur la presqu'île de Giens. Elle adorait être poussée par le vent sur l'eau.

A 17 ans, elle propose de l'aide dans les écoles marseillaises en échange d'apprentissages de navigation. Elle entre ainsi dans une association qui fait partager sa passion de la mer à des personnes handicapées .C'est le déclic. Elle veut redonner confiance et sourire à travers ce genre d'échanges.

Ses engagements :

Elle effectue une première traversée de l'Atlantique en solitaire puis crée son association « Fifrelin » en 2003 pour partager sa passion et son parcours. Pour sensibiliser les jeunes aux métiers de la mer et à la protection de l'environnement, chaque année, elle fait naviguer environ 150 lycéens de la région sud, leur permet de bricoler sur des bateaux, leur fait rencontrer des sauveteurs en mer, des métiers de la mer. Son but est d'arriver à démocratiser la mer.

Elle a un autre projet intitulé « Femmes à la barre ».

Elle s'engage dans la route du rhum en 2006.

Elle détient aussi le record de la traversée de la Méditerranée Marseille-Carthage.

Elle a arrêté les courses professionnelles à cause des difficultés à trouver des partenaires.

Elle a également écrit un livre « Les chantiers navals de la Ciotat ».

Claire PRUVOT

Naviguer après un accident vasculaire cérébral

Avec un père amoureux des bateaux, Claire Pruvot passait la plupart de ses week-ends en Normandie.

Après 10 ans de haut niveau en racing féminin, l'obtention de 2 médailles d'or en championnat du monde en 2007 et 2008, une sélection pour les jeux olympiques de Londres en 2012, elle franchit le cap de la course au large en 2013.

Mais, à 37 ans, en 2014, alors qu'elle navigue, elle perd subitement la vue et s'écroule, victime d'un AVC (accident vasculaire cérébral). Elle récupère bien mais garde des problèmes de vue.

Elle veut reprendre la course au large mais a du mal à obtenir des certificats médicaux. Elle est très fatiguée mais refait des courses en double pour reprendre confiance en elle.

Enfin, elle décide de se lancer dans la Route du Rhum en 2018. Elles ne sont que 6 femmes inscrites sur 120 participants. Malheureusement elle devra abandonner suite à une collision avec un cargo.

Anna-Maria RENKEN

Née en 1981 en Allemagne
Avocate

Cette avocate allemande a réalisé la Transat anglaise, sa 1e course en solitaire, en 2016. Elle a terminé 6e en 21 jours et 13 heures.

Emma RICHARDS

Née en 1975
Britannique

Emma Richards commence à naviguer dès son plus jeune âge. A 11 ans, elle participe au championnat du monde de dériveurs.

Elle obtient un diplôme de médecine du sport à l'université de Glasgow.

Elle participe à la transat Jacques Vabre en 1999 et 2001, à la Volvo Ocean Race en 2001.

Et surtout elle est la 1ᵉ Britannique et la plus jeune participante à terminer la Around Alone (anciennement BOC Challenge) en 2002. Elle est la seule femme sur 13 skippers inscrits.

Lina RIXGENS

Née en 1994

Médecin

1ᵉ Allemande à boucler la Mini Transat

Lina Rixgens est née à Cologne, en Allemagne.

Elle a commencé le dériveur sur les lacs de sa région à l'âge de 7 ans. Fréquentant les milieux de la régate, elle navigue sur d'autres lacs de son pays avant de se lancer en mer. C'est d'abord la Baltique et la mer du Nord, puis la Méditerranée.

Le déclic

A l'âge de 15 ans, avec 24 autres personnes, elle embarque sur un gros voilier traditionnel pour une traversée de l'Atlantique. Son implication dans la navigation est l'élément déclencheur de sa carrière de skippeuse.

Son palmarès en solitaire

    2017   Mini transat

    2021   Mini transat : Abandon à la 1e étape.

Ses ressentis

« Je vis très intensément tous les moments, les hauts comme les bas. Toutes les sensations sont extrêmes. Je suis hyper heureuse quand tout va bien et très frustrée quand un souci technique arrive ou qu'un autre candidat me double.

J'aime être maître à bord. C'est moi qui prends toutes les décisions et j'en ai la responsabilité.

On doit aussi être bon dans tout : la navigation bien sûr, mais aussi la cuisine, la réparation des problèmes techniques... »

Son meilleur moment

Son arrivée à la Martinique après 18 jours passés en mer lors de sa première mini transat.

Sa plus grosse galère

Une grosse panne du pilote. « J'ai dû rester à la barre pendant deux jours et deux nuits. J'avais un grand manque de sommeil et des hallucinations ».

Lina est soutenue par sa famille.

Pour l'instant, elle a un sponsor attitré. Elle est la première navigatrice allemande à avoir franchi la ligne d'arrivée de la Transatlantique Mini Transat.

Actuellement, elle n'envisage pas de courses plus longues en solitaire. Elle aime aussi naviguer en double.

Fabienne ROBIN

Comptable du Château d'Olonne

Pour cette ancienne comptable et championne de course à pied, l'évidence de la voile est venue pour elle le jour où elle a mis les pieds sur un bateau.

La skippeuse effectuait quelques sorties à la voile lorsqu'elle est sollicitée pour former une équipe. C'est le déclic et la reconversion professionnelle. Elle passe son brevet de skipper en 2007 et achète son bateau en 2008.

Ses courses en solitaire :

-Transgacogne 2007

-Les Sables-Açores-Les Sables 2010

-Mini-Transat 2011

Julie SIMON

Julie Simon est née en Alsace-Lorraine. Mais elle arrive à La Baule alors qu'elle n'a qu'un an. Ses parents veulent qu'elle fasse du sport et l'inscrivent à la voile. C'est avant tout un loisir.

Elle commence la course au large plus tard, sans se poser de questions.

Mais elle a besoin d'un « truc » qui porte, d'un gros projet qui booste. Elle a toujours admiré la course au large, notamment le Vendée Globe et chope le virus. Elle aime le fait d'être seul sur un projet mais avec de l'entraide, ainsi que l'environnement et l'ambiance.

Dans son entourage, tout le monde l'encourage. Sa mère est sa meilleure ambassadrice et, dans son milieu professionnel, tous aiment la mer.

Son palmarès en solitaire :

Mini transat 2021 : elle démâte mais coupe sa voile sur le demi-mât qui lui reste et termine malgré tout 30ᵉ en série sous gréement de fortune.

Ses meilleurs moments :

« Un ciel bleu, on est tous dans le match. On est émerveillé d'être fou furieux. A 4 heures du matin, on est crevé mais on est tous en train de barrer à fond. C'est une notion de plaisir ». Elle rêve de longs bords dans les alizées.

Ses galères :

-Elle a eu trois fois des voies d'eau.

-Elle a essuyé aussi un front où elle était trempée, avait froid, avec l'électronique hors service. « On se dit : Plus jamais ça ! Mais on y retourne ».

-Elle a suivi une formation théorique pour réparer son bateau mais déteste les avaries électroniques car elle a souvent des problèmes pour trouver la panne.

-Son démâtage en 2021.

Jeanne SOCRATES

Navigatrice la plus âgée à réaliser un tour du monde en solitaire sans escale et sans assistance

Née en 1942
Anglaise

Jeanne Socrates, veut être la plus âgée, hommes et femmes confondus, à réaliser un tour du monde à la voile en solitaire, sans escale, sans assistance. Elle a déjà effectué 4 fois le tour du monde à la voile en solitaire, son bateau s'est reversé au large du cap Horn, et elle a connu un naufrage lors de sa première tentative.

En 2013, elle tente le record de plus vieille navigatrice autour du monde mais abandonne.

Elle repart en octobre 2018 d'Amérique du nord, à l'âge de 77 ans ; à bord de Nereida, un voilier de 11,50 mètres. Elle n'arrivera à l'île de Vancouver que 320 jours plus tard, après avoir passé les cinq caps.

Son record de navigateur le plus âgé autour du monde est battu en 2020 par Bill Hatfield et ses 81 ans.

Elle reste malgré tout la femme la plus âgée à avoir passé les 5 caps. Son record est reconnu par le livre Guinness des records.

Jeanne Socrates ne veut pas s'arrêter en si bon chemin. Son souhait est d'être la personne la plus âgée à naviguer vers l'ouest.

Kristin SONGE-MOLLER

Née en 1976 en Norvège
Architecte

Kristin Songe-Moller appartient à l'équipe de voile olympique de son pays. Elle y est aussi championne de planche à voile.

Mais, en Norvège, les compétitions de voile se passent essentiellement en équipe. Les courses en solitaire sont peu connues.

La navigatrice déménage donc en Bretagne.

Ses palmarès en solitaire :

-2012 : elle termine 33ᵉ de la Solitaire du Figaro. Elle n'a pas de sponsor et est obligée de vendre ses peintures acryliques pour financer sa course.

-2013 : Elle est la seule femme engagée dans la transat Bretagne-Martinique. Malheureusement elle démâte.

Abby SUNDERLAND

Tentative de tour du monde en solitaire à l'âge de 16 ans

Américaine (Californienne), née en 1993

Abby Sunderland est la 2e enfant d'une fratrie de huit. Elle navigue en famille tout en suivant l'école à domicile.

A l'âge de 13 ans, elle rêve de tenter le record de la plus jeune navigatrice à effectuer le tour du monde à la voile en solitaire, sans escale et sans assistance.

Elle se lance à l'âge de 16 ans, sur un voilier sloop de 12 mètres (40 pieds) nommé Wild eyes. Elle prend modèle sur Zac, son frère aîné, qui avait fait un tour du monde un an auparavant à 16 ans. Malheureusement, son bateau est en perdition dans les mers australes. Elle est sauvée par un navire de pêche commerciale.

Un documentaire, produit par son père, The Abby Sunderland story, est sorti en septembre 2011.

Djemila TASSIN

Née en 1995

Océanographe

Originaire d'une famille belge, Djemilla Tassin est née sur l'île de La Palma, aux Canaries. Enfant, elle a navigué avec son père sur le côté ouest de l'île. Elle a toujours été appelée par le large, habitée par la mer. Son père lui avait dit : « Si tu rames tout droit, tu arrives en Floride ».

Elle a réalisé une transatlantique en « bateau stop » à 18 ans, des Canaries au Brésil, en mode croisière. Elle a beaucoup navigué en Méditerranée et sur l'Atlantique.

Elle a été inspirée par Marta Guemes, une Espagnole vivant aux Canaries.

Djemila communique beaucoup sur sa passion pour donner envie aux autres femmes de naviguer. Grace au projet Magenta, dont les couleurs sont sur son bateau, elle marraine d'autres filles.

La Mini transat est un rite de passage pour le tour du monde dont elle rêve.

Son palmarès en solitaire :

Mini transat 2021

Ses meilleurs souvenirs :

« C'est quand il y a une totale harmonie entre le bateau, la mer, le vent et les voiles. C'est quand je me réveille au milieu de la nuit et que le bateau navigue tout seul, qu'il n'a pas besoin de moi. C'est aussi quand le bateau va vite et qu'il surfe ».

Ses galères :

Une panne d'énergie dans le bateau, sans pilote, sans radio et sans bateau autour. « J'ai mal géré, mal dormi, j'ai raté la bouée. J'ai su ce que c'était de passer la ligne rouge. Mais c'est bénéfique pour apprendre à gérer son sommeil. J'ai le goût de l'aventure ».

Son objet fétiche :

Un attrape-rêves fabriqué par une amie.

Christa TEN BRINKE

Hollandaise

Artiste

Avec l'objectif personnel de traverser l'Atlantique, Christa décide de prendre le départ de la Mini-Transat en 2011. Son compagnon fera aussi la course. Mais elle démâte au large du Brésil et est récupérée par un remorqueur. Elle décide de passer la nuit sur une plate-forme pétrolière avant de retrouver la terre ferme.

Morgane URSAULT POUPON

Née en 1986 à Vannes

Morgane est la fille du navigateur Philippe Poupon. Elle est née l'année où son père remporte la Route du Rhum.

Elle navigue très tôt avec lui et passe beaucoup de temps avec lui dans les mers du sud.

Elle devient skipper et monitrice de voile sur habitable en Manche et Atlantique.

Elle est aussi co-skipper d'un voilier de 20 mètres à Ushuaia et fait naviguer les touristes en Antarctique. Elle parcourt plus de 50 000 milles passe une quinzaine de fois le Cap Horn.

Ses palmarès en solitaire :

-Elle termine 27ᵉ à la route du Rhum 2018 en classe 40.

-Elle est 31ᵉ en Classe 40 à la route du Rhum 2022.

Nicole VAN DE KERCHOVE

Née en 1945   Pianiste

Issue d'une famille belge, Nicole Van de Kerchove passe son enfance près de Lisieux. Elle ne va pas à l'école, apprend à lire avec ses sœurs et suit des cours de piano.

A 15 ans, elle s'installe en Belgique et commence à naviguer sur un Corsaire acheté grâce à une grand-mère. Elle croise la route de Bernard Moitessier, navigateur français.

Elle aime vivre sur un bateau, même par mauvais temps. Elle se fait construire un bateau, un cotre en acier de 9 mètres appelé Esquilo, qui l'accompagnera pour ses traversées.

Elle rejoint les îles Galapagos en solitaire.

Partie à l'origine 4 mois vers les Antilles, elle en revient 7 ans après avec un mari et une fille.

Après une séparation et un autre enfant, elle traverse l'Atlantique jusqu'au Brésil avec ses 2 enfants et revient avec une autre fille.

En 1995, elle décide de traverser l'Atlantique sur un bateau privé de mât, propulsé par des cerfs-volants, pour prouver que des naufragés pourraient rallier une terre ou une route de navigation.

Elle fait aussi des convoyages de bateaux en Asie avec ses enfants.

En 1999, elle part avec son enfant de 14 ans pour la Patagonie.

En 2002, son bateau se prend dans les glaces des mers du sud. Elle tente en vain de se libérer à la hache. C'est finalement la marine chilienne qui la libère. Elle revient en Europe en solitaire.

En 2004, elle présente le film de cette traversée avec sa fille, intitulé L'air de rien. Elle écrit aussi des livres sur ses voyages.

Entre temps, elle continue à enseigner le piano et accompagne le chanteur Louis Capart.

En février 2008, elle retourne en terre de feu pour la 6e fois. Ce sera son dernier voyage. Elle y meurt d'une embolie pulmonaire.

Jessica WATSON

La plus jeune navigatrice à avoir effectué un tour du monde à la voile en solitaire à l'âge de 16 ans

Née en 1993
Australienne

Deuxième de 4 enfants, Jessica Watson a vécu avec sa famille à bord d'un croiseur à cabine de 16 mètres, puis dans un bus à impérial, faisant l'école à domicile.

Son envie de tour du monde lui est venue dès 2008. Elle s'élance de Sydney en 2010, à l'âge de 16 ans, sur le Ella's Pink Lady. Elle prend la route de l'est et réalise son exploit en 210 jours. Elle se décrit comme « une personne ordinaire qui avait un rêve et qui prouve que tout est possible ».

Son tour du monde n'est malgré tout pas homologué à cause de l'itinéraire auquel il manque 21 600 milles.